Sabine Vetter

Wie die Soziale Arbeit der Kindesvernachlässigung entgegenwirken kann

Sozialraumorientierung als präventives und integratives Konzept

Bibliografische Information der Deutschen Nationalbibliothek:

Die Deutsche Nationalbibliothek verzeichnet diese Publikation in der Deutschen Nationalbibliografie; detaillierte bibliografische Daten sind im Internet über http://dnb.d-nb.de abrufbar.

Inhaltsverzeichnis

1. Einleitung

Die Zahl der Kinder, die in Deutschland von Vernachlässigung betroffen sind, kann nicht beziffert werden (Kindler 2015, 11). Es gibt derzeit keine empirisch abgesicherten Erkenntnisse, insgesamt mangelt es diesbezüglich an wiederkehrenden Erhebungen (Fendrich/Pothmann 2010, 1009). Würden internationale Studien auf Deutschland übertragen, dann wäre davon auszugehen, dass die Anzahl „vernachlässigter Kinder auf hohem Niveau stagniert" (Kindler 2015, 11). Bekannt ist die Zahl der Verfahren zur Kindeswohlgefährdung. Diese sind von 2014 bis 2015 um 4,2 Prozent angestiegen (Destatis 2016). Bei den akuten oder latenten Kindeswohlgefährdungen gab es in 63,7 Prozent der Fälle Anzeichen von Vernachlässigung (ebd.). Demnach sind circa 28 665 Kinder durch die Kinder- und Jugendhilfe erfasst worden.

Betroffen von Vernachlässigung sind Kinder aller Altersstufen, am häufigsten kommen Säuglinge und Kleinkinder im ersten Lebensjahr ums Leben (Hofacker 2012, 97). Vernachlässigungsfälle mit Todesfolge und insbesondere Fälle, die innerhalb von Hilfeprozessen geschehen, lösen mediale Diskurse aus und lassen die Mitarbeiter sozialpädagogischer Berufsfelder betroffen zurück (Fegert/Ziegenhain/Fangerau 2010, 10).

Zudem ist die Forschungslage zum Geschehen unzureichend. Es gibt das Schlagwort von der „Vernachlässigung der Vernachlässigung" (Wolock/Horowitz 1984 zit. n. Galm/ Hess/Kindler 2010, 7). Alle bisherigen Erkenntnisse lassen darauf schließen, dass sich Vernachlässigung durch ein Zusammenspiel von persönlichen Faktoren und gesellschaftlichen Bedingungen entwickelt. Zu deren Vermeidung müssten Eltern möglichst früh erreicht werden.

In der vorliegenden Arbeit wird der Frage nachgegangen, wie Zugänge und Angebote gestaltet werden müssten, um der Vernachlässigung von Kindern präventiv zu begegnen. Dazu findet im ersten Teil der vorliegenden Arbeit eine Betrachtung der wissenschaftlichen Erkenntnisse statt. Im zweiten Teil wird das Konzept der Sozialraumorientierung vorgestellt. Anders als der Name es vermuten lässt, ist Sozialraumorientierung auch ein „hochgradig personenbezogener Ansatz" (Hinte 2006, 11). Denn der Mensch und sein Wille stehen im Fokus der sozialarbeiterischen Tätigkeiten, allerdings werden die sozialen und ökologischen Verhältnisse dabei einbezogen und beeinflusst.

Im Dritten Teil werden die Erkenntnisse, die sich aus der wissenschaftlichen Auseinandersetzung mit Vernachlässigung und der Betrachtung des Fachkonzeptes ergeben haben, zusammengeführt. Hierbei soll dargestellt werden, welche konzeptionellen und methodischen Möglichkeiten Sozialraumorientierung bezüglich der Fragestellung bietet.

Im Folgenden wird aus Gründen der besseren Lesbarkeit ausschließlich die männliche Form benutzt. Es können dabei Personen jeglichen Geschlechts gemeint sein.

2. Vernachlässigung

In diesem Kapitel erfolgt eine Betrachtung des wissenschaftlichen Standes bezüg-lich der Vernachlässigung von Kindern. Da der Begriff Vernachlässigung von Fach-kräften verschiedener Berufsgruppen häufig mit einem unterschiedlichen Ver-ständnis verwendet wird, soll hierbei mit dem Terminus, der Definition und den Möglichkeiten einer fachlichen Abgrenzung begonnen werden (Galm et al. 2010, 24). Anschließend werden die Formen und Folgen der Vernachlässigung darge-stellt, um daraus Rückschlüsse auf Angebote und Zugänge zu ziehen. Um weitere Möglichkeiten eines präventives Vorgehen zu erkennen, werden die bisher bekann-ten Ursachen betrachtet. Als ursächlich gilt hierbei die Bindungsstörung. Zudem wird vermutet, dass eine angespannte finanzielle Situation sowie ein belastendes Wohnumfeld, soziale Isolation und Überforderung aufgrund mangelnder Unter-stützung als Faktoren am Geschehen beteiligt sind. Dabei wird die derzeitige ge-sellschaftliche Situation einbezogen und auf mögliche reziproke Wechselwirkun-gen innerhalb der Faktoren hingewiesen. Abschließend werden einige wissen-schaftliche Meinungen und praktische Problemstellungen benannt, denn es scheint sinnvoll daraus ableitbare Lehren in präventive Überlegung einfließen zu lassen.

2.1 Begriffsklärung, Definition und Abgrenzung

Bei Vernachlässigung sind die Übergänge von einer normalen Versorgung zur Un-terversorgung fließend (Gitter 2012, 130). Was aber ist unter einer normalen Ver-sorgung zu verstehen und wann kann die Versorgung eines Kindes als schlecht be-zeichnet werden? Eine Festlegung des Normalen an kindlicher Versorgung als all-gemein gültiger Standard ist bislang nicht realisiert. Bereits Maslow (1979, 364) hat sich mit dem Begriff des »Normalen« und dessen Pendant, dem »Unnormalen« beschäftigt und bemerkt, dass diese so viele verschiedene Bedeutungen haben kön-nen, dass sie nutzlos geworden sind. Maslow (ebd.) schreibt, dass diese Frage für viele Menschen, demnach auch für Professionelle, im Wesentlichen eine „Werte-frage" ist.

Würde das Normale als das »durchschnittlich Gute« verstanden, dann kann ange-nommen werden, es wäre qua Definiton festlegbar. Daraus ergibt sich folglich die Frage, wer die Definitionshoheit diesbezüglich besitzt. Welche gesellschaftlichen Gruppen definieren dies? Sind es der Staat und seine Institutionen, die Wissen-schaft und Forschung, ist es die Bevölkerung eines bestimmten Quartiers bezie-hungsweise Sozialraums oder die einzelne Familie? Jedes der genannten Systeme wird dem durchschnittlich Guten als Norm höchstwahrscheinlich ein anderes

Verständnis zu Grunde legen und es anders definieren. Daraus ergibt sich, dass eine normale Versorgung als allgemeingültiger Standard schwer festzulegen ist. Ebenso ist dies mit der nicht mehr guten, somit nicht normalen Versorgung, der Vernachlässigung. Sie ist in diesem Sinn nicht allgemein festlegbar.

Es stellt sich also weiterhin die Frage nach der Möglichkeit einer Orientierung, vielleicht an »anderen Gesellschaften« oder an »anderen Zeiten«. Wären dies Referenzpunkte zur Konkretisierung einer nomalen und guten Versorgung? Nun sind andere Gesellschaften bezüglich ihres Lebenstandards und ihrer Gesellschaftssysteme von anderer Ausstattung, und die Zeit unterliegt dem Wandel und der Veränderung (Schone/Gitzel/ Jordan/Kalscheuer/Münder 1997, 25). Deshalb kann gesagt werden, „was ein Kind zum Aufwachsen braucht ist in höchstem Maße geschichts- und gesellschaftsabhängig" (ebd.). Folglich ist Vernachlässigung zum einen als Norm nicht festlegbar, zum anderen kann sie nicht anhand von Referenzpunkten wie »andere Gesellschaften« oder »dem Früher« betrachtet werden.

Frank (2008, 84) bezeichnet Vernachlässigung als „schwammiges Konstrukt". Er sieht in der Vernachlässigung einen „tatsächlichen oder vermeintlichen Mangel in der Versorgung eines Kindes" (ebd.). Aber können Eltern immer und zu jeder Tages- und Nachtzeit hundertprozentig und vollumfänglich für ein Kind sorgen? Wann beginnt die Vernachlässigung? Schone et al. (1997, 21) haben den Begriff wie folgt definiert:

> „Vernachlässigung ist die andauernde oder wiederholte Unterlassung fürsorglichen Handelns sorgeverantwortlicher Personen (Eltern oder andere von ihnen autorisierte Betreuungspersonen), welches zur Sicherstellung der physischen und psychischen Versorgung des Kindes notwendig wäre. Diese Unterlassung kann aktiv oder passiv (unbewußt), aufgrund unzureichender Einsicht oder unzureichenden Wissens erfolgen. Die durch Vernachlässigung bewirkte chronische Unterversorgung des Kindes durch die nachhaltige Nichtberücksichtigung, Mißachtung oder Versagung seiner Lebensbedürfnisse hemmt, beeinträchtigt oder schädigt seine körperliche, geistige und seelische Entwicklung und kann zu gravierenden bleibenden Schäden oder gar zum Tode des Kindes führen."

Demnach muss das Geschehen dauerhaft sein, die Handlungen müssen sich wiederholen und Bereiche betreffen, die für das Kind derart wichtig sind, dass bei Nichtversorgung ein Mangel entsteht, der es schädigen kann. Enthalten ist zudem eine Differenzierung in die Handlungsmodi aktiv und passiv. Für Schone et al. (1997, 22) geschieht die aktive Vernachlässigung wissentlich, weil die sorgeberechtigten Personen den Bedarf des Kindes erkennen könnten und die Erfüllung von ihnen auch leistbar wäre. Die passive Vernachlässigung ist für Schone et al. (ebd.) eine Folge unbewusster elterlicher Unterlassungen aufgrund mangelnden Wissens und Einsicht, aber auch die mögliche Folge elterlicher Fehlhandlungen. Sie können demnach über entsprechendes Wissen verfügen und überfordert sein oder bei der Versorgung Fehler machen. Zudem werden Versorgungshandlungen von diesen Eltern mitunter auch schlicht vergessen. Schone et al. (ebd.) schreiben, dass trotz einer Unterscheidung der Handlungsmodi „scharfe Grenzziehungen" zwischen aktiver und passiver Vernachlässigung nicht möglich sind. Nach Galm et al. (2010, 24) sollte der Begriff Vernachlässigung zudem nicht für familiäre Situationen verwendet werden, in denen Kinder nicht gefährdet sind. Sie müssten von Fachkräften als „distanzierte, unzureichende oder unengagierte Fürsorge" (ebd.; Hervorh. im Orig. fett) bezeichnet werden.

2.2 Vernachlässigungsformen und Folgen

Bei Vernachlässigungsprozessen werden die Bedürfnisse des Kindes teilweise oder vollumfänglich nicht erfüllt. Maslow (1979, 74ff.) beschreibt die Bedürfnisse des Menschen in der Theorie der menschlichen Motivation. Eine Befriedigung derer sei notwendig, damit sich der Mensch psychisch und physisch gut entwickeln kann. Er beschreibt grundlegende Bedürfnisse des Menschen und zählt Nahrung, Sicherheit, Zugehörigkeit und Liebe, Achtung und Wertschätzung sowie Selbstverwirklichung zu den existenziellen Bedürfnissen des Menschen. Die Bedürfnisse von Kindern können anhand der Maslowschen Bedürfnispyramide Hierarchiestufen zugeordnet werden (Hofacker 2012, 97). Fegert (1997, 69) beschreibt kindliche Bedürfnisse genauer, er bezeichnet diese als

Basic Needs. Dazu gehören Versorgung, Zuwendung und Liebe, körperliche Unversehrtheit, Körperpflege, Gesundheitsfürsorge, ein geregelter Tagesablauf, Aufsicht, stabile Bindungen, relative Freiheit von Angst, Respekt, altersentsprechende Intimität, Schutz vor sexueller Ausbeutung, Anregung und Vermittlung von Erfahrungen.

Die Nichterfüllung dieser kindlichen Bedürfnisse kann verschiedenen Bereichen zugeordnet werden (Hofacker 2012, 97). Diese sind der körperliche, der erzieherisch-kognitive, der emotionale und der Schutzbereich (Galm et al. 2010, 25). Sie bezeichnen zugleich die Formen von Vernachlässigung. Im Einzelfall besteht die Möglichkeit, dass ein spezieller Versorgungsbereich betroffen ist. Allerdings gilt es als nachgewiesen, dass häufig mehrere Vernachlässigungsformen gleichzeitig und in unterschiedlich starker Ausprägung in der jeweiligen Form vorhanden sind

(Gitter 2012, 130; Galm et al. 2010, 26). Die Vernachlässigungshandlungen stellen sich in den einzelnen Bereichen wie folgt dar:

Bei körperlicher Vernachlässigung bleibt die Grundversorgung des Kindes aus. Es wird nicht ausreichend mit Nahrung und Flüssigkeit versorgt. Zudem werden die nötigen Pflegehandlungen von den Eltern nicht durchgeführt (Gitter 2012, 129). Ferner wird die kindliche Gesundheit vernachlässigt (Hofacker 2012, 97).

Die erzieherisch-kognitive Vernachlässigung umfasst den Versorgungsbereich, der das Kind und seine Entwicklung fördern soll. Förderung bedeutet, dass sich die Bezugspersonen mit dem Kind in altersgemäßer Form beschäftigen und kindgerechte Aktivitäten unternehmen. In diesen Bereich fällt zudem der unregelmäßige Besuch der Schule, der von den Eltern toleriert wird. Auch die Missachtung von Förderbedarfen der Kinder in schulischen Belangen wird diesem zugeordnet. Zudem erfahren Kinder keine elterliche Hilfe zum Beispiel in Form von Hausaufgabenunterstützung oder Lesetraining (Galm et al. 2010, 25).

Bei emotionaler Vernachlässigung fehlt es in der Eltern-Kind-Beziehung an Wärme, und die Eltern reagieren nicht auf emotionale Signale oder Bedürfnisse des Kindes. Weiterhin findet zwischen den Eltern und dem Kind kein effektiver kommunikativer Austausch statt (Schorn 2011, 11; Gitter 2012, 129).

Unzureichende Aufsicht tangiert den Schutzbedarf der Kinder. Sie werden zum Beispiel über unangemessen lange Zeiträume allein gelassen oder die Eltern reagieren nicht, wenn das Kind außergewöhnlich lange von zu Hause abwesend ist. Zudem bringt mangelnde altersgemäße Aufsicht Kinder in Gefahrensituationen, beispielsweise wenn Säuglinge und Kleinkinder unbeaufsichtigt in der Badewanne oder auf dem Wickeltisch zurückgelassen werden (Galm et al. 2010, 25; Schorn 2011, 11).

Es ist belegt, dass es Zusammenhänge zwischen negativen kindlichen Erfahrungen und Krankheitssymptomen, die in späteren Lebensphasen auftraten, gibt (Schorn 2011, 14). Somit können Vernachlässigungserfahrungen Menschen ihr gesamtes Leben begleiten (ISA/BIS/DKSB 2012, 12). Als Folge von Vernachlässigung gelten psychische Beeinträchtigungen, Einschränkungen in der Lebensbewältigung und Deprivation. Zudem können Vernachlässigungserfahrungen das Selbstbild prägen. Auch die Selbstwirksamkeit und das Selbstvertrauen können sich unter entsprechenden Eindrücken nicht oder nicht ausreichend gut entwickeln (Schorn 2011, 17). Kinder, deren Bedürfnis nach Zuwendung und Liebe nicht befriedigt wird, leiden neben emotionalen Störungen auch unter Wachstumsverzögerungen (ebd. 13). In Familien, in denen Eltern mit psychischen Erkrankungen und

Suchtproblemen belastet sind, besteht die Gefahr der Parentifizierung. Denn in diesen Familien löst sich das Generationenverhältnis auf. Dies führt zu einer Rollenveränderung im familiären System und die Kinder übernehmen die Fürsorge für die Eltern (Wagenblass 2012, 212). Bei paranoiden psychischen Erkrankungen von Mutter oder Vater - in Form einer Schizophrenie oder einer affektiven Psychose - ist auch ein Einbezug der Kinder in das Krankheitsgeschehen denkbar. Erkrankte Eltern nehmen zum Beispiel an, dass sich das Kind von Licht ernähren wird. Deshalb versorgen sie es nicht mit Flüssigkeit und Nahrung (Galm et al. 2010, 74).

Eine Gefahr für Kinder kann insbesondere immer dann entstehen, wenn diese aktiv ihre Bedürfnisse einfordern. Sie reagieren auf die Vernachlässigung, zum Beispiel mit Weinen, Schaukeln und Kopfschlagen. Diese kindlichen Reaktionen „lösen nicht selten sogar problemverschärfende Gegenreaktionen" (ISA et al. 2012, 12) aus und können damit zu einem Ausgangspunkt für körperliche und psychische Gewalt werden. Des Weiteren sind „Dosiseffekte" (Galm et al. 2010, 42; Hervorh. im Org. fett) bekannt. Dies bedeutet, dass Kinder, die längerer und/oder schwererer Vernachlässigung ausgesetzt sind, auch in ihrer Entwicklung schwerer geschädigt werden.

2.3   Ursachen von Vernachlässigung

Wissenschaftlich ist es bislang nicht möglich, die Gründe für Vernachlässigung mit Gewissheit zu benennen (Galm et al. 2010, 63). Nach Schone et al. (1997, 21) liegt der Vernachlässigung eine „basale Beziehungsstörung" zwischen Eltern bzw. autorisierten Betreuungspersonen und ihren Kindern zu Grunde. Zudem wurden im Umfeld betroffener Familien Faktoren erkannt, die Vernachlässigungsprozesse begünstigen (Schorn 2011, 19; Schone 2008, 54). Diese sind eine angespannte ökonomische Situation und arme, durch eine hohe Gewaltrate gekennzeichnete Wohngegenden, zudem eine soziale Isolation der Kindseltern, verbunden mit mangelnder Unterstützung durch soziale Netze und eine fehlende Integration der Eltern in ihre Verwandtschaft oder in die Nachbarschaft (Wolff 2008, 46; Schone et al. 1997, 32; Schorn 2011, 19).

Bei Vernachlässigung gibt es „mehrere Schichten einflussnehmender Faktoren" (Galm et al. 2010, 65; Hervorh. im Org. fett), deren Wirkung kumulativ ist (Wolff 2008, 46). Betroffene Eltern kommen gewissermaßen in einen „Kreislauf des Versagens" (Jugendamt Oldenburg 2008, 13). In den Familien kommt es zu einer Anhäufung von Problemen, wobei Eltern unzureichende psychologische, materielle und soziale Ressourcen besitzen, um sie zu lösen (Galm et al. 2010, 112). Engfer

(1986, 11) schreibt, dass Kindesvernachlässigung als „Konsequenz elterlicher Resignation und Apathie...mit den Bedingungen extremer Armut und sozialer Randständigkeit assoziiert erscheinen".

2.3.1 Elterliche Ressourcenverluste

Diese elterliche Resignation und Apathie wird als Apathie-Nutzlosigkeits-Syndrom bezeichnet (Polansky et al. 1981 zit. n. Schone et al. 1997, 19). Das Syndrom entsteht durch eine hohe Problemkonzentration und kann „... zu einer fatalistischen Haltung führen: Handlungs- und Einflussmöglichkeiten werden auch da nicht mehr wahrgenommen, wo sie noch vorhanden sind" (ISA et al. 2012, 30). Letztlich herrscht in den Familien Energielosigkeit, Antriebsarmut, Lethargie und Resignation (Jugendamt Oldenburg 2008, 13). Eine Erklärung für diese Prozesse, die den Zustand der Eltern bedingen, könnte in der motivationalen Ressourcentheorie zu finden sein (Hobfoll 1989 zit. n. Nestmann 2008, 73). Deren zentrale These lautet, dass immer, wenn den Menschen Ressourcen fehlen, oder wenn Menschen einen Verlust befürchten oder ihnen Ressourcen verloren gehen, dann werden diese Menschen anfällig für psychische und physische Probleme und Störungen. Ressourcenverlust, der befürchtet oder empfunden wird, führt bei den Menschen zu Stress und Existenzangst. Zudem beruht diese Theorie auf einer Reihe weiterer Thesen. So sollen Menschen, die größere Ressourcen haben, weniger anfällig für Ressourcenverluste sein, ressourcenarme Menschen umso mehr (ebd. 75). Es gibt zudem die Vermutung von Verlustspiralen. So haben Verluste bei Menschen mit geringen Ressourcen schnellere und auch extremere Auswirkungen, weil diese Menschen über weniger „Optionen, Reserven und Kompensationsmöglichkeiten" (ebd.) verfügen.

2.3.2 Gesundheitliche Faktoren

Als wichtigster Schutzfaktor vor Vernachlässigung gilt die Bindung (Rauh 2012, 41). Diese ermöglicht es den Eltern die Bedürfnisse des Kindes zu erkennen und zu befriedigen. Eltern haben durch sie eine natürliche Neigung ihr Kind zu versorgen und zu beschützen. Die Bindungsbeziehung ist nicht nur in sehr frühen Lebensjahren wichtig. Es wird davon ausgegangen, dass sie für den gesamten Lebenszyklus bedeutsam ist und sie während des Aufwachsens mehrere „Transformationen" (ebd.) erlebt. Eine Bindungsstörung hat zur Folge, dass Bemühungen und frühe Bedürfnisse der Kinder nach Schutz, Trost und Sicherheit bei vermeintlicher Bedrohung oder in angstauslösenden Situationen in einem „extremen Ausmaß nicht adäquat, unzureichend oder widersprüchlich" (Brisch 2009, 60) beantwortet werden.

Dies gilt als häufigste Ursache für die Unterversorgung von Säuglingen und kleinen Kindern (Gitter 2012, 115). Bei Müttern wurden als Ursache für Bindungsstörungen Depressivität und Psychosen festgestellt (Brisch 2009, 162 ff.). Außerdem gibt es „Sozialfaktoren wie Armut, Arbeitslosigkeit und beengte Wohnverhältnisse" (ebd. 98), welche die Bindungsentwicklung erschweren.

Insbesondere die Depression ist in unserer Gesellschaft zudem weit verbreitet. Sie gilt als multifaktorielles Geschehen (Wittchen/Jacobi/Klose/Ryl 2010, 14). Es sind unter anderem genetische Dispositionen möglich, die für ein vermehrtes Auftreten innerhalb von Familien sorgen, aber auch soziale Faktoren wie zum Beispiel Arbeitslosigkeit sind als Auslöser bekannt. Frauen sind sowohl von Depressionen als auch von deren rezidivierenden Formen anteilig stärker betroffen als Männer (ebd. 19). In der Studie »Soziale Lebenssituation und Gesundheit von Müttern in Deutschland« gab jede fünfte Mutter erhöhte Angst- sowie Depressivitätswerte an (Sperlich/Arnold-Kerri/Geyer 2011, 739). Die Mütter empfanden den ständigen Familieneinsatz als psychosozialen Stressor, wobei sich jede dritte Mutter stark oder sehr stark belastet fühlt (ebd. 738). Menschen mit Depressionen sind in der akuten Phase in ihrer subjektiven Gesundheit und ihrer Leistungsfähigkeit „massiv bis hin zur Arbeitsunfähigkeit eingeschränkt" (Wittchen et al. 2010, 12). Für alle Formen der psychischen Erkrankungen - sowohl für die Depression als auch für Psychosen - gilt, dass sie zu den stigmatisierendsten Erkrankungen zählen. Sie werden in unserer Gesellschaft immer noch tabuisiert (Wagenblass 2012, 214).

Auch Suchterkrankungen der Eltern gelten als „eines der zentralsten Risiken für die gesunde Entwicklung von Kindern und Jugendlichen" (Klein/ Thomasius/Moesgen 2017, 4). Wie viele Kinder bei Eltern mit Suchterkrankungen leben, lässt sich nicht sicher sagen. Die für Deutschland gemachten Studien basieren auf Schätzungen und Hochrechnungen (ebd. 4). Suchtbedingte Verhaltensweisen der Eltern beeinträchtigen die Bindung und die psychische und soziale Entwicklung von Kindern (BAJ 2017, 2). Zu ihnen zählen auch „Lügen, gebrochene Versprechen, Manipulation, Schuldzuweisungen, unberechenbares Verhalten...Kinder lernen, dass nichts in ihrem Leben sicher ist" (ebd.). Bei Suchterkrankungen gibt es starke innerpsychische Kräfte, welche die elterlichen Ressourcen und deren Energie binden, sowie Zeiten, in denen diese intoxiziert sind und von ihren Kindern nicht angesprochen werden können (Galm et al. 2010, 73). Diese Kinder werden als „vergessene Kinder" (BAJ 2017, 1) bezeichnet, da die Aufmerksamkeit des Süchtigen vollständig auf das Suchtmittel gerichtet ist. Die Sorge des nicht-süchtigen Elternteils gilt dem abhängigen Partner und nicht den Kindern. Besonders häufig wurden

Suchterkrankungen im Zusammenhang mit körperlicher und emotionaler Vernachlässigung beobachtet (Deneke 2005, 144).

Erkrankte Eltern benötigen eine ärztliche Versorgung. Derzeit gibt es in Deutschland einen Ärztemangel (KBV 2018, 1). Besonders betroffen sind die Gruppen der Hausärzte und die fachärztlichen Grundversorger (ebd.). Wartezeiten bei Fachärzten von bis zu vier Wochen gelten als normal (BMG 2017, 1). Des Weiteren beklagt der Hebammenverband, dass sie derzeit eine flächendeckende Versorgung der Frauen aufgrund eines personellen Mangels nicht gewährleisten könnten (DHV 2017). Schwangere Frauen und Mütter, die entbunden haben, finden vor Ort kaum noch Hebammen, welche die Geburtsvorbereitung und die Betreuung im Wochenbett sicherstellen können (ebd.). Hebammen könnten gesundheitliche Probleme von Frauen vor und nach der Entbindung erkennen (ebd. 2). Dies erscheint im Hinblick auf die von Brisch (2009, 133 ff.) beschriebenen Bindungsstörungen wichtig. Ferner spitzt sich die kinderärztliche Versorgung zu. Der Verband der Kinder- und Jugenärzte stellt hierzu fest, dass bereits jetzt viele Familien keinen Arzt mehr für ihr Kind finden (Ärzteblatt 2017, 1).

2.3.3 Ökonomische und soziale Faktoren

Nachfolgend sollen ökonomische und soziale Faktoren betrachtet werden, die bei Vernachlässigung beobachtet wurden. Eine angespannte finanzielle Situation kann durch geringe finanzielle Ressourcen, Einkommensarmut und Abhängigkeit von staatlicher Unterstützung sowie Arbeitslosigkeit entstehen (Schorn 2011, 19). Die wissenschaftliche Meinung, ob Armut und Vernachlässigung in einem direkten Zusammenhang stehen, ist geteilt (Galm et al. 2010, 14). Nach Galm et al. (ebd. 15) ist Vernachlässigung aufgrund von Armut möglich, wenn weitere Faktoren hinzutreten oder sich entwickeln, und dadurch eine Situation entsteht, die die Fürsorgetätigkeit der Eltern einschränkt. Sie bezeichnen diese als „Prozesse...wie depressive Verstimmungen und Hoffnungslosigkeit der Eltern" (ebd.).

In den letzten Jahren gab es politische Reformen, die zu einer Veränderung der Einkommensstruktur geführt haben (Oschmiansky 2014, 1). Etwa jeder vierte Arbeitnehmer in Deutschland arbeitet im Niedriglohnsektor und gilt trotz einer Beschäftigung als arm (ebd.). Zudem wurde das Sozialgesetzbuch II transformiert und im Rahmen eines aktivierenden Arbeitsmarktprogrammes eine neue Sozialleistung geschaffen (Kievel/Erdbauer 2014, 2). Diese gilt als das sozioökonomische Existenzminimum und wird als Arbeitslosengeld II, nachfolgend ALG II, bezeichnet. Es ist umstritten, ob Leistungen in Form des ALG II eine neue Armut darstellen oder ob sie den Bedarf ausreichend sichern und somit oberhalb der Armutsschwelle liegen (Butterwegge 2012, 22). Im Gegensatz zum vorherigen Sozialhilfesystem ist der Erhalt von Leistungen, die zudem eine Krankenversicherung beinhalten, an die Erfüllung von Pflichten geknüpft (Erdbauer/Kievel 2014, 144). Pflichtverletzungen nach den §§ 31 und 32 SGB II wie fehlende Mitwirkung und Meldeversäumnisse haben Rechtsfolgen (ebd. 145).

Rechtsfolgen sind sukzessive Kürzungen des Geldes in Form von Sanktionen (ebd. 143). Bei einer vollständigen Sanktionierung werden neben dem Regelbedarf, der zum Beispiel den Stromabschlag, die Bedarfe für Lebensmittel und eine Pauschale für Medikamente enthält, zudem die Kosten für Unterkunft und Heizung sowie die Beiträge zur Sozialversicherung nicht mehr übernommen. Um wieder krankenversichert zu werden, fordern viele Krankenkassen zuvor die vollständige Rückzahlung der versäumten Beiträge (Trabert 2013, 12). Im Leistungsbezug des ALG II sind auch sucht- und psychischkranke Menschen. Sie gelten trotz ihrer Erkrankungen als erwerbsfähig (Edbauer/Kievel 2014, 42). Zudem benötigen viele alleinerziehende Eltern das ALG II. In 2011 bezogen circa 40 Prozent der alleinerziehenden Haushalte diese Leistung (IAB 2011, 11). Sie gelten als „arm bzw. armutsgefährdet" (Lenze/Funcke 2016, 6).

Eine Korrelation von Armut und Gesundheit gilt als nachgewiesen. Die Studie »Zusammenhang von Armut, Schulden und Gesundheit« hat dies untersucht. Dabei wurde zudem erkannt, dass „65% der Befragten...aus Geldmangel die vom Arzt verschriebenen Medikamente nicht gekauft" (Trabert 2013, 11) haben.

Nach Galm et al. (2010, 16) würde die Rückkehr in ein Erwerbsverhältnis grundsätzlich vor Armut schützen und Kinder könnten davon profitieren. In den USA haben aktivierende Arbeitsmarktprogramme bei besonders belasteten Eltern zwar zu einem geringen, aber messbaren Anstieg der „Gefährdungsmeldungen und Fremdunterbringungen" (ebd.) geführt. Ob dies auf Deutschland übertragbar ist, kann nicht mit Bestimmtheit gesagt werden. Es sei jedoch „bemerkenswert" (ebd.), dass Kinderschutzaspekte in Deutschland bei der aktivierenden Arbeitsmarktpolitik kaum beachtet werden.

Auch der Wohnraum und dessen Umfeld gilt als Kontextfaktor. Nach Schone et al. (1997, 29) sind Zusammenhänge zwischen den sozialen Bedingungen und Vernachlässigung bekannt. Eine Studie von Trube-Becker hat hierzu Erkenntnisse gewonnen (Trube-Becker 1982 zit. n. Schone et al. 1997, 30). Darin wurden Fälle von Vernachlässigung mit Todesfolge untersucht. Es wurde festgestellt, dass viele

Familien in „verschmutzter, beengter Umgebung" (ebd.) lebten. Schorn (2011, 19) schreibt, dass „arme, deprivierte" Wohngegenden als relevanter Faktor für Vernachlässigung zu bezeichnen sind.

Derzeit wird eine zunehmende Segregation sozialer Schichten und eine soziale Diskriminierung „bestimmter Nachfrager" (Brülle 2015, 2) beobachtet. Hierzu zählen kinderreiche Familien, alleinerziehende Eltern und transferleistungsberechtigte Menschen. Zudem führt eine zunehmende Polarisierung der Einkommensverteilung zu Gentrifizierungsprozessen, die Wohnraum verteuern und eine Aufspaltung in arme und reiche Stadtteile begünstigen (Butterwegge 2012, 77). Nach Geene (2013, 189) können schlechte Wohnverhältnisse und ein belastendes Wohnumfeld wiederum eine gesundheitliche Belastung darstellen.

Bei Vernachlässigungsprozessen wurde auch eine Überforderung und fehlende Unterstützung sowie eine soziale Isolation bei betroffenen Eltern beobachtet (Schorn 2011, 19). Diese Faktoren kommen besonders dann zum Tragen, wenn diese erhöhten Erziehungs- und Betreuungsanforderungen ausgesetzt sind und über keinerlei Hilfe verfügen. Besonders problematisch ist dies bei alleinerziehenden Eltern oder, wenn mehrere Kinder im Haushalt versorgt werden müssen (ISA et al. 2012, 28). Nach Böhnke (2007, 235) sind ausreichende soziale Beziehungen und Integration für das Individuum von besonderer Bedeutung. Soziale Beziehungen ermöglichen Hilfe, bieten emotionalen Halt, sind eine „Quelle diverser Gefälligkeiten" (ebd.) und Informationen und bieten bestenfalls auch alltagspraktische Unterstützung. Soziale Isolation hingegen führt zu Angst, Depression, einer Abnahme des allgemeinen Wohlbefindens und reduziert den Gesundheitszustand. Des Weiteren kann auch Armut zu sozialer Isolation führen, denn die Betroffenen und ihre Familien ziehen sich zurück (Geene 2013, 19). Dies hat zur Folge, dass die Größe ihrer unterstützenden Netzwerke und ihre Einbindung in das Gemeinwesen abnimmt.

2.4 Wissenschaftliche Meinungen und praktische Problemstellungen

Bisher fehlt ein Nachweis, dass Präventionsprogramme zu einer „deutlichen" (Galm et al. 2010, 131) Reduzierung schwerwiegender Vernachlässigung geführt haben. Die Evaluationen haben ergeben, dass Eltern dadurch „im Mittel ihre Kompetenzen in verschiedenen Bereichen zumindest moderat steigern" (ebd.) konnten. Belastete Eltern gelten als schwer erreichbar, universelle Programme seien zu wenig an ihrer „speziellen Lebenswirklichkeit" (ebd. 127) und „ihren spezifischen Bedarfen" (ebd.) orientiert. Auch die Ansprechbarkeit betroffener Eltern sei schwierig, weil diese kaum Kontakte in das Gemeinwesen hätten (Jugendamt Oldenburg 2008, 14).

Nach Galm et al. (2010, 117) seien Familien „alltäglichen Nöten" ausgesetzt, denen mit alltagspraktischer Unterstützung „relativ einfach" zu begegnen sei. Zudem ist erkannt worden, dass Bildungsangebote für Eltern niedrigschwellig konzipiert werden müssten, die derzeit vorhandenen seien zu mittelschichtsorientiert und würden deshalb nicht angenommen (Ifb 2010, 2; Galm et al. 2010, 136). Von Seiten des Unterstützungssystems müsste aktiv auf die Eltern zugegangen werden und es könne nicht davon ausgegangen werden, dass diese von alleine kommen (Galm et a. 2010, 141). Es sei des Weiteren nötig, „nicht-stigmatisierende Zugänge" zu entwickeln (ebd. 133). Ferner wäre der Ausbau „zielgruppenunspezifischer Familienbildungs- und Beratungsangebote" nötig (ebd.127). Zudem müssten Hilfen passgenau sein und in der Fläche verbreitet werden (ebd. 145).

3 Fachkonzept Sozialraumorientierung

Das Fachkonzept Sozialraumorientierung ist in der Praxis der Sozialen Arbeit seit vielen Jahren bekannt und teilweise umgesetzt (Früchtel/Cyprian/Budde 2007 b, 11). Dennoch gibt es in der Fachwelt keine Einigkeit darüber, was Sozialraumorientierung genau ist (Kessl/Reutlinger 2007, 37). Mitunter wird der Begriff als Etikett verwendet, damit Konzepte innovativ wirken. Zunächst soll deshalb geklärt werden, was in der Sozialen Arbeit unter dem Konzept der Sozialraumorientierung verstanden wird. Anschließend folgt eine Beschreibung der theoretischen Konzeptionen die dessen Grundlage bilden (Früchtel et al. 2007 b, 22 ff.). Diese sind das Konzept der Lebensweltorientierung, die Gemeinwesenarbeit, die Organisationsentwicklung, der Ansatz Empowerment und die Theorie des Sozialen Kapitals. Anschließend werden die verschiedenen Handlungsfelder sozialräumlicher Arbeit beschrieben (ebd. 25 ff). Sozialarbeiterisches Handeln findet demnach auf der Ebene der Sozialstruktur, der Organisation, des Netzwerkes und auf der Ebene des Individuums statt. Des Weiteren folgt eine Beschreibung der praktischen Arbeitsorganisation, denn Sozialraumorientierung ist ein Konzept, das hierbei Spezifika aufweist. Diese sind die methodische Offenheit, die besonderen Teamstrukturen und die Möglichkeit des fallunspezifischen und bereichsübergreifenden Arbeitens.

3.1 Begiffsklärung

Sozialraumorientierung ist ein Fachkonzept, das die klassische Abgrenzung von Fallarbeit, Gruppenarbeit und Gemeinwesenarbeit aufgibt und diese vielmehr zu einem „mehrschichtigen Ansatz" (Früchtel et al. 2007 b, 11) zusammenführt. Diese Kombination der Arbeitsformen bietet sich immer an, wenn der Problemhorizont der Klienten über die „engen institutionellen Beschränkungen hinausweist" (Köngeter/Eßer/Thiersch 2004, 95). Den Problemhorizont stellen Lebensbedingungen wie Armut, soziale Isolation, Arbeitslosigkeit und fehlender Wohnraum dar. Die Basis des Konzeptes bildet die sozialarbeiterische Haltung, dass Menschen ihren „Alltag in Familie, Schule oder Beruf zufriedenstellend gestalten" (Budde/Früchtel 2006, 29) wollen. Menschen haben Ziele, und was sie handeln lässt, ist die Motivation eben diese Ziele zu erreichen (ebd.). Sozialräumlich ausgerichtete Hilfestellungen zielen darauf ab, dass Menschen durch Unterstützung ihre Lebenswelten so gestalten können, dass sie auch in „prekären Lebenssituationen" (Hinte 2006, 9) zurechtkommen. Den Kern des Konzeptes bildet der „konsequente Bezug auf die Interessen und den Willen der Menschen" (ebd.). Sozialraumorientierung ist somit keine Theorie, die mit anderen Theorien konkurriert, sondern eine Perspektive. Sie ist der konzeptionelle Hintergrund des Arbeitens in verschiedenen sozialen Arbeitsfeldern. Das Fachkonzept nutzt und entwickelt verschiedene theoretische und methodische Blickrichtungen bzw. Konzeptionen.

3.2 Theoretische Grundkonzeptionen

Den theoretischen Hintergrund des Arbeitsansatzes Sozialraumorientierung bilden fünf Konzeptionen (Früchtel et al. 2007 b, 22 ff). Diese sind das Konzept der Lebensweltorientierung, der Gemeinwesenarbeit, der Organisationsentwicklung, des Sozialen Kapitals und des Empowerments. Sie werden nachfolgend im Einzelnem dargestellt.

3.2.1 Konzept der Lebensweltorienierung

Das Konzept der Lebensweltorientierung entstand in den 1960er-Jahren als neues Arbeitskonzept (Thiersch/Grunwald/Köngeter 2012, 179). Es richtete sich gegen von Obrigkeiten bestimmte, disziplinierende und expertokratische Arbeitsformen und versuchte neue und somit alternative Arbeitskonzepte zu entwerfen. In der Perspektive der Lebensweltorientierung wird der Mensch und sein Handeln in seinen sozialen Bezügen gesehen. Lebensweltorientierung ist somit die Abkehr von einem individualisierenden, defizitären Blick auf soziale Probleme. Ziel sozialarbeiterischer Arbeit ist ein gelingender Alltag von Menschen.

Hierbei knüpfen Strukturmaximen an lebensweltliche Erfahrungen, an kritische sozialethische Dimensionen und an soziale Gerechtigkeit an. Diese Maximen sind Prävention, Regionalisierung, Alltagsnähe, Integration, Partizipation und Gestaltung der Arbeit im Zeichen der Lebensverhältnisse (Grunwald/Thiersch 2008, 26). Der sozialarbeiterische Blick fokussiert das „Zusammenspiel" (Thiersch et al. 2012, 175) eigentlicher Gegen-sätze. Diese sind Probleme und Möglichkeiten, Stärken und Schwächen im sozialen Feld und daraus entwickelt sich ein Handlungsrepertoire. Thiersch et al. (ebd.) beschreiben dies als Spektrum zwischen „Vertrauen, Niedrigschwelligkeit, Zugangsmöglichkeiten und gemeinsamen Konstruktionen von Hilfeentwürfen". Es geht einerseits um das Akzeptieren der individuellen Lebensentwürfe und anderseits um das Einmischen in Verhältnisse (ebd.).

Lebensweltorientierte Soziale Arbeit agiert hierbei in unterschiedlichen Dimensionen (Grunwald/Thiersch 2008, 32 ff.). Eine Dimension ist die erfahrene Zeit. Lebensläufe und Lebensphasen werden demnach in Zeiten des gesellschaftlichen Wandels „brüchig" (Thiersch et al. 2012, 187). Dies bedingt, dass Lebensphasen nicht mehr so verlaufen, wie diese üblicherweise über viele Jahrzehnte verlaufen

sind. Menschen können nicht mehr mit Gewissheit sagen, wie ihre Zukunft in bestimmten Lebensphasen aussehen wird. Und da die Vergangenheit nicht mehr veränderbar ist und die Zukunft ungewiss erscheint, liegt der Fokus der Betrachtung
von Zeit in der Gegenwart. Die Zeit ist für Menschen von unterschiedlicher Rele-
vanz. Sie hat für Mütter eine andere Bedeutung als für Jugendliche oder Senioren.

Auch die Dimension des erfahrenen Raumes ist je nach Lebensphase von unterschiedlicher Bedeutung (ebd.). Mütter mit Kindern, Jugendliche oder Senioren leben zwar im gleichen Gebiet, wie sie dieses Gebiet nutzen, ist jedoch verschieden.
Das Individuum wird in diesem Konzept in seiner Umgebung gesehen und es wird
registriert, dass es in seinen sozialen Räumen nur begrenzte Möglichkeiten zur Gestaltung hat. Deshalb bedeutet lebensweltorientiertes Arbeiten auch immer, diese
begrenzenden Strukturen zu bearbeiten, um für die Menschen Teilhabe zu erreichen. Eine weitere Dimension sind die sozialen Beziehungen. Menschen haben aufgrund von Beziehungen zu anderen Menschen zum einen Ressourcen, zum anderen sind Beziehungen auch Anlass für Spannungen. Lebensweltorientierte Soziale
Arbeit sieht das Individuum im „Kontext des sozialen Geflechts" (ebd.). Außerdem
haben Menschen Bewältigungsaufgaben zu erfüllen (ebd.). Lebensweltorientier-
tung konzentriert sich hierbei auf den Alltag und auf das Gelingen des Alltages. Dieser Alltag ist von besonderer Bedeutung, denn er passiert nicht nebenbei. Er erfordert Anstrengung vom Individuum sowie den Umgang mit Raum und Zeit, anderen
Menschen und mit sich selbst.

Die beschriebenen Dimensionen kennzeichnen den Hilfeansatz des Konzeptes.
Denn die sozialarbeiterische Unterstützung richtet sich an Menschen, die Schwierigkeiten bei der Bewältigung ihrer alltäglichen Aufgaben im Hinblick auf die Lebensphasen haben. Es werden zudem die gesellschaftlichen Bedingungen (ebd.
188), die das Leben der Individuen beeinflussen, besonders betrachtet und dort,
wo diese Bedingungen verändert werden müssen, soll in Kooperation und in Koa-
lition mit der lokalen Politik nach Lösungen gesucht werden. Lebensweltorientierte Soziale Arbeit mischt sich demnach auch auf gesellschaftlicher Ebene ein,
ähnlich wie ein weiteres Grundkonzept der Sozialraumorientierung, die Gemeinwesenarbeit.

3.2.2 Gemeinwesenarbeit

Die Anfänge der Gemeinwesenarbeit liegen im Industriezeitalter und entstanden
durch die Wahrnehmung von sozialer Benachteiligung einzelner Bevölkerungs-
gruppen in England und den USA (Hinte 2012, 663). In Deutschland rückte das

Gemeinwesen vor allem in den 1960er-Jahren wieder in den Blickpunkt. In dieser Zeit stellte sich die gesellschaftliche Frage der Macht und Gegenmacht. Gemeinwesenarbeit organisierte in diesem Sinn den Widerstand gegen das Establishment. Dieses wurde für die herrschenden Verhältnisse verantwortlich gemacht. Die herrschenden Verhältnisse kennzeichneten damals unzumutbare Wohnverhältnisse, infrastrukturelle Mängel, unsinnige Prestigeprojekte oder korrupte Funktionsträger. In dieser Form der Gemeinwesenarbeit gab es ein Spektrum, das sich methodisch zwischen konfliktreich und weniger konfliktreich bewegte (ebd.). Letztlich führte dies in den 1980er-Jahren zu einer Krise der Gemeinwesenarbeit, und in diesem Zusammenhang wurde deren „Tod erklärt" (ebd. 665).

In den 1990er-Jahren entwickelte sich daraus ein Fachkonzept, das begrifflich in Sozialraumorientierung umbenannt wurde. Durch diese Umbenennung sollte es frei von den Altlasten der 1960er-Jahre und dem Stigma der Kooperationsunwilligkeit werden (ebd. 667). Was aus den Anfängen der Gemeinwesenarbeit bleibt, ist die Sicht auf die Menschen in ihrer Umwelt. In dieser sind sie mitbestimmt von sozialen, ökonomischen, kulturellen und administrativen Verhältnissen. Menschen sind demnach mehr als nur suchtkranke Eltern, depressive Mütter und Väter oder Kinder einer Multiproblemfamilie. Durch die Überwindung von derartig individualisierten Sichtweisen soll unter Menschen Potenzial in Form von Kooperation gesucht und genutzt werden, um auf eben jene Verhältnisse, die sie beeinflussen, einzuwirken (Früchtel et al. 2007 b, 22). Damit dies gelingen kann, ist es notwendig das Grundkonzept der Organisationsentwicklung einzubeziehen.

3.2.3 Organisationsentwicklung

Soziale Organisationen im Feld der Sozialwirtschaft sind Träger, Verbände und auch Behörden. Diese sind zumeist im Sinne der Organisationstheorie Max Webers aufgebaut (Reiners-Kröncke/Stübinger 2000, 20). Sie gelten als stark strukturiert und formalisiert und ermöglichen den Mitarbeitern nur begrenzte Handlungsspielräume bezüglich der fachlich inhaltlichen Aufgabenstellungen (ebd. 21). In den Arbeitsfeldern der Sozialen Arbeit gibt es „dominante Steuerungsparameter" (Hinte 2006, 8). Diese sind zum Beispiel „Abteilungen, Paragrafen, Immobilien und Fälle" (ebd.). Im Konzept der Organisationsentwicklung konstruieren sich Organisationen sinnbezogen und werden bezüglich ihrer Ziele als sich veränderbar gesehen (Früchtel et al. 2007 b, 23). Sie sind zunächst einmal das Ergebnis sozialen Handelns. Traditionell sind Sozialverwaltungen nach dem Prinzip der funktionalen Differenzierung und der Zentralisierung aufgebaut (ebd. 128). Sie sind gegliedert nach

Gesetzesthematik, nach Ämtern und Abteilungen. Es werden spezifische Berufs-gruppen für spezifische Aufgabenstellungen eingeteilt. Die Fälle werden innerhalb der Behörde alphabetisch zugeordnet, und die Mitarbeiter des Sozialdienstes agie-ren demgegenüber geografisch, indem sie für die Bewohner bestimmter Straßen-züge zuständig sind. Zumeist sind Behörden, Beratungsstellen und Soziale Dienste zentral angesiedelt. In der praktischen Arbeit führt dies insgesamt zu Problem-überschneidung und in vielen Hilfefällen ist eine „Schar von Fachkräften" (ebd.) be-teiligt.

Nach Früchtel et al. (ebd. 23) ist die Perspektive der Organisationsentwicklung nicht eine „normierte Qualität" oder eine Leistungsgarantie, die sich über Transpa-renz und Routinen darstellt, sondern das Erfüllen einer Anpassungsleistung der Organisation an ihre Umwelt. Für Organisationen und ihre Entwicklung ist es dem-nach notwendig, sich auf veränderte Umweltbedingungen, zum Beispiel die Um-stellung der staatlichen Finanzierung, einzustellen und Lösungen zu finden. Die Or-ganisation zu entwickeln bedeutet außerdem, den Blick von reinen ökonomischen Interessen abzuwenden, statische Strukturen im Innenleben abzubauen und zur flexiblen Organisation zu werden. Im Konzept der Sozialraumorientierung muss sich eine Organisation flexibilisieren und zu einer lernenden Organisation werden. Eine lernende Organisation passt sich der Nachfrage an und entwickelt sich weiter (Budde/Früchtel 2006, 37). Somit hält eine sozialräumlich arbeitende Organisa-tion nicht nur Angebote vor, sondern stellt sich unter anderem die Frage, „wie wel-che Adressaten zu ihr finden" (Früchtel et al. 2007 b, 113) und welche Angebote überhaupt benötigt werden, und sie entwickelt sich weiter und lernt bezüglich der Adressaten dazu. Für Budde und Früchtel (2006, 37) sind die Leistungen von Or-ganisationen demnach nicht nur Angebote, die zu bestimmten Klientengruppen passen. Das Ziel soll ferner sein, Hilfeleistungen in Form von elastischen Maßanzü-gen (ebd.) zu entwickeln. Das sind Leistungen, die unter Berücksichtigung und Ein-bezug der Umwelt und der Lebensplanung der Klienten „vor Ort und aus einer Hand" (ebd. 37) erbracht werden.

3.2.4 Empowerment

Das Konzept des Empowerments stammt aus den USA. Nach Herriger (2006, 21) wurde es 1976 von Barbara B. Solomon in ihrer Publikation »Black Empowerment: social work in oppressed communities« das erste Mal veröffentlicht. Mit dem Kon-zept des Empowerments sollen „Möglichkeitsräume" (ebd. 19) erschlossen wer-den. Menschen können nach Herriger (ebd.) das „Rüstzeug" erhalten, um ihr Leben eigenverantwortlich zu gestalten. Hierfür sollen sie Möglichkeiten bekommen, um Erfahrungen zu machen, die auf eigene Stärken verweisen. Außerdem sollen sie sich mit anderen solidarisch vernetzen. Für die professionelle Hilfe ist dieses Konzept mit einer Veränderung des Selbstverständnisses von Hilfe und deren Institutionen verbunden (Galuske 2002, 263). Zentrales Element ist die Abkehr vom Defizitblick auf Klienten. Denn wenn sich in sozialarbeiterischen Hilfeprozessen auf Defizite konzentriert wird, können Fähigkeiten und Ressourcen einzelner Menschen oder Gruppen nicht wahrgenommen werden. Nach Galuske (2002, 263) werden durch „fürsorgliche Belagerung" von Klienten und eine sozialarbeiterische „Reparaturmentalität" (Stark 1993 zit. n. Galuske 2002, 263) Menschen entmündigt. Um Empowerment in der sozialen Arbeit umzusetzen, ist also ein Perspektivenwechsel notwendig, der nach Galuske (2002, 265) drei Bereiche umfasst: Erstens ist eine Abkehr von der Defizitorientierung hin zur Förderung der Stärken von Klienten notwendig. Zweitens sollen Individuen in Gruppen und Kontexten anstatt in Einzelförderung gestärkt werden. Und drittens steht die Förderung von Netzwerken im Vordergrund. Netzwerke beinhalten in dieser Sicht eine besondere Kapitalform, die durch das Grundkonzept des Sozialen Kapitals vertreten wird.

3.2.5 Soziales Kapital

Nach Haug (2007, 86) ist Soziales Kapital ein Begriff, der vielfach verwendet wird und dem es an Schärfe mangelt - es gibt keine operationale Definition und auch in der Forschung haben sich verschiedene Paradigmen entwickelt. Das Soziale Kapital, das an Menschen gebunden ist, ist ein Teil der Ressourcen, die sich im sozialen Raum befinden (Budde/Früchtel 2006, 35). Daneben sind im Raum drei weitere Kapitalsorten vorhanden. Dies ist kulturelles Kapital in Form von Kompetenzen, ökonomisches Kapital als Besitz und infrastrukturelles Kapital in Form von Einrichtungen.

Nach Haug (2007, 86) gibt es auf der Mikro-, Makro- und Mesoebene jeweils unterschiedliche Bedeutungen. Auf der Mikroebene stellt demzufolge soziales Kapital eine persönliche Ressource dar. Die Nutzungsmöglichkeiten hängen von der Zugehörigkeit zu einer Gruppe, den Kontaktpersonen und deren Ressourcen ab. Auf der Makroebene stellt soziales Kapital die kollektive Ressource einer Vereinigung, zum Beispiel einer Organisation dar. Auf der Mesoebene bezeichnet es den Informationsfluss auf Grundlage „schwacher Beziehungen" (ebd. 87) zwischen nicht zusammenhängenden Gruppen. Unter schwachen Beziehungen werden Freundschaften und Bekanntschaften verstanden. Im Gegensatz dazu gibt es starke Beziehungen,

zu denen familiale Verbindungen zählen. Soziales Kapital gilt im Konzept der Sozialraumorientierung als eine zentrale Ressource von Klienten bzw. Bürgern, aber
auch von Sozialarbeitern und Organisationen (Früchtel et al. 2007 b, 86). Es entsteht durch Wechselbeziehungen zwischen den Menschen und wird fortlaufend
aufgebaut. Soziales Kapital steckt in Vertrauen, Beziehungen, Normen (ebd.). Es
wird durch praktische und moralische Hilfe sowie durch Unterstützung nutzbar. Es
ist eine Ressource, die entwickelt und erhalten werden muss. In diesem Sinn ist es
nötig, dass in diese Ressource investiert wird. Diese Investition geschieht in Form
von Zeit und durch Pflege von Beziehungen (ebd. 87).

3.3 Handlungsfelder

Sozialraumorientierung hat den Doppelcharakter von Raumkonzept und Handlungskonzept. Dies macht sich in den theoretischen Diskursen bemerkbar (Früchtel et al. 2007 b, 24). In manchen Systematisierungen werden die geografische
Raumdimension und die operative Handlungsdimension miteinander verbunden.
Früchtel et al. (ebd.) schlagen ein Mehrebenenmodell vor, das sich erst nach Hand-
lungsfeldern organisiert und danach den Bezug zum Raum herstellt. Diese Handlungsfelder werden im SONI-Schema als Sozialstruktur, Organisation, Netzwerk
und Individuum dargestellt (ebd. 27). Es trennt die einzelnen Ebenen analytisch
voneinander ab. Dies ermöglicht einen Zugang und dient der Reflexion. Im Ar-
beitsalltag verschwimmen diese miteinander. Je nach Arbeitsfeld und Position des
Sozialarbeiters wird manches Handlungsfeld eher ausgeblendet und manches tritt
in den Vordergrund (Früchtel et al. 2007 a, 13). Im Konzept der Sozialraumorientierung hat das Individuum eine zentrale Stellung; nachfolgend soll deshalb mit
diesem Handlungsfeld begonnen werden.

3.3.1 Handlungsfeld Individuum

In diesem Handlungsfeld geht es um die Arbeit mit Individuen. Dies kann in Form
von Fallarbeit erfolgen, wobei Früchtel et al. (2007 b, 26) darunter nicht nur die
Arbeit mit dem Einzelnen, sondern auch die Arbeit mit kleinen Gruppen wie zum
Beispiel Familien verstehen. Die sozialarbeiterische Arbeit ist hier auf Verhaltensmuster und auf die Umweltfaktoren, die auf diese Verhaltensmuster wirken, gerichtet. Die Grundhaltung ist geprägt von der Orientierung am Willen und an den Stärken der Adressaten. Ziel ist, auf der individuellen Ebene die Kompetenzen und
Spielräume der Adressaten zu erweitern und ihnen Zugang zu Ressourcen zu ver-
schaffen. Hierbei ist der sozialarbeiterische Handlungsmodus selbstreflexiv, denn

Sozialraumorientierung ist experten- und bürokratiekritisch. Allerdings betonen Früchtel et al. (ebd.), dass die Soziale Arbeit dabei stets fachlich agiert.

Jedes Individuum hat eine Umwelt, diese ist im Feld Netzwerk, Organisation und Sozialstruktur zu finden (ebd. 45). Damit effektiv gearbeitet werden kann, ist es nötig, diese Umweltfelder zu betrachten und durch sozialpädagogische Unterstützung mit zu bearbeiten. An folgendem Beispiel soll dies verdeutlicht werden. Wenn eine Mutter die Therapien für ihr Kind nicht wahrnimmt, und es deshalb die nötige Förderung nicht erhält, dann kann der Auftrag des Jugendamtes darin bestehen, dass die Familienhelfer bewirken, dass dieses Kind eine entsprechende Förderung bekommt. Zumeist wird dies im Hilfekontext funktionieren, da die Mutter durch die sozialpädagogische Familienhilfe zu den Therapien gefahren wird. Sobald die Hilfe beendet wird, funktioniert dies nicht mehr. Die Mutter ist sehr wohl in der Lage, die Therapiebesuche zu bewältigen, allerdings hat sie keine Busverbindung, oder der Bus nimmt keine Fahrgäste mit Kinderwagen mit. Demnach liegt das Problem in der Umwelt, und wenn es dort nicht bearbeitet wird, kann es auch nicht nachhaltig gelöst werden.

Auf der Ebene des Individuums arbeitet das Modell methodisch mit dem Stärkeblick und dem Stärkemodell (ebd. 51). Dies ist eine professionelle Sichtweise auf die Situation der Menschen. Es ist die Abkehr vom Defizitblick, der danach sucht, was ein Mensch nicht kann. Früchtel et al. (ebd.) sehen den Defizitblick als die „Normaleinstellung des Alltagsverstandes". Dinge, die nicht funktionieren, werden in dieser Sicht zum Funktionieren gebracht. Ein Beispiel soll den Stärkeblick verdeutlichen: Eine Mutter mit fünf Kindern, die übergewichtig sind und die aufgrund einer Meldung durch Dritte vom Jugendamt eine sozialpädagogische Familienhilfe erhält, soll die Ernährung der Kinder umstellen und kalorienreduziert kochen. Dabei ist das Kochen eine ihrer Stärken - sie kann mit wenig finanziellen Mitteln sehr gut kochen. Die Mutter soll eine eigentliche Stärke verändern. Dabei resultiert das Problem der Gewichtszunahme aus einem Bewegungsmangel der Kinder, denn im Wohngebiet sind Personen auf dem Spielplatz, denen Kinder nicht begegnen sollten, und deshalb behält diese Mutter ihre Kinder lieber in der Wohnung. Nach Früchtel et al. (2007 b, 55) drücken sich Stärken oft als vermeintliche Schwächen aus; es ist deshalb wichtig, nicht die Handlung an sich, sondern den gesellschaftlichen Kontext der Handlungen zu verändern. Es wird deutlich, dass Hilfekontexte auch über fallunspezifische Anteile verfügen können. Oft reichen die Handlungsmöglichkeiten der Menschen eben nicht aus, um ihre Probleme zu lösen. Sozialraumorientierung bearbeitet eine Differenz, diese ergibt sich zwischen dem Fall

und seiner Umwelt (Budde/Früchtel 2006, 28). Der Fall ist somit dem Handlungsfeld Individuum zugeordnet. Die Handlungsfelder Sozialstruktur, Organisation und
Netzwerk stellen in dieser Sicht die Umwelt dar.

3.3.2 Handlungsfeld Sozialstruktur

Die Aufgabe der Sozialen Arbeit in diesem Handlungsfeld ist die aktive Mitwirkung
im politischen und strategischen Bereich einer Kommune (Früchtel et al. 2007 b,
155). Sozialarbeiter handeln hier mit einem intermediären Auftrag (ebd.). Dies bedeutet, sie agieren zwischen der Bevölkerung und Bezugspunkten. Die Bezugs-
punkte stellen andere Systeme und deren Institutionen dar, die in dieser Hinsicht
die Ressourcen der Menschen beeinflussen. Diese sind das Gesundheits-, Politik-,
Bildungs- und das Erwerbssystem (ebd. 156). Als Sozialstruktur kann zudem der
gesellschaftliche Kontext verstanden werden, der lokal vorzufinden ist. Dieser
muss nicht in jeder Kommune gleich gestaltet sein (ebd. 25). Es ist davon auszugehen, dass sich Gemeinden oder Kommunen in ihren Wertvorstellungen, ihren Normen oder in ihren Traditionen unterscheiden. So kann das Sozialrecht unterschiedlich ausgelegt werden und die öffentliche Meinung in einzelnen Kommunen diver-
gieren. Häufig gibt es auch verschiedene Normalitätsvorstellungen. Nach Früchtel
et al. (ebd.) unterstützt die sozialarbeiterische Intervention die kommunalpoliti-
sche Ebene und hilft beim Lösen sozialer Probleme. Das Ziel ist die Stärkung von
Bürgergruppen und die Erweiterung ihrer Ressourcen. Der Sozialarbeiter ist hier
in der Rolle des Lobbyisten, Sozialplaners und Aktivisten (ebd. 27). Die Aufgabe
konzentriert sich auf die Stärkung „schwacher" (ebd. 156) Interessen. Die Sozialarbeiter arbeiten an den Einflusschancen benachteiligter Bürgergruppen durch
Strukturarbeit (ebd.). Diese Strukturarbeit verwirklicht sich in drei Arbeitsformen:
Zum Ersten in der empirisch-normativen Arbeit an der Wissensbasis der Gesellschaft durch kommunale und stadtteilbezogene Diskurse zu bestehenden gesellschaftlichen Themen, zum Beispiel der Situation auf dem Wohnungsmarkt. Zum
Zweiten als einmischende Arbeit am professionellen System über das Berufsfeld
hinaus. Dies kann zum Beispiel durch das Einmischen in die lokale Gesundheitsversorgung geschehen. Und zum Dritten umfasst es auch die Arbeit im Stadtteil,
Wohnviertel oder Dorf, wobei die Interessen der Bürger bezüglich der aktuellen
Themen, zum Beispiel dem Verkauf ihrer bisher kommunalen Wohnhäuser an pri-
vate Investoren und möglicher Vorgehensweisen gestärkt werden.

3.3.3 Handlungsfeld Netzwerk

Der Begriff des Netzwerkes wird auf John A. Barnes zurückgeführt, der 1954 Untersuchungen im Rahmen einer Feldstudie machte und mit dem Bild des Fischernetzes Beziehungen unter Menschen darstellte (Wendt 2017, 156). Menschen stellen im Bild des Netzes die Knoten dar, die Kommunikation und Interaktion zwischen ihnen sind die Verbindungen. Netzwerke bezeichnen demnach Beziehungsgeflechte (ebd. 157). Sie beinhalten in dieser Sicht Kapital in Form von „sozialer Unterstützung" (ebd.156) und somit Potenzial für Problemlösungen (Früchtel et al. 2007 b, 26). Pantuček (2012, 184) bezeichnet dies als Tauschbeziehung, die auf Gabe und Gegengabe, auf „sozialen Austausch zwischen Personen" beruht. Auch Menschen und Organisationen bilden durch ihre Beziehungen ein Netz, und es kann ein Austausch von Hilfe und Unterstützung stattfinden.

Netzwerke lassen sich differenzieren nach Gegenstand, Intensität, Häufigkeit, Beziehung und Dauer (Wendt 2017, 156). Sozialökologisch lassen sich drei Netzwerktypen unterscheiden (ebd. 157). Nach Wendt (ebd.) sind dies primäre, sekundäre und tertiäre Netzwerke. Als primäres oder mikrosoziales Netzwerk gilt die Familie sowie nachbarschaftliche und freundschaftliche Verbindungen. Sozialarbeiter netzwerken und mobilisieren Ressourcen (Früchtel et al. 2007 b, 26) - sie zählen zu den tertiären oder mesosozialen Netzwerken ebenso wie andere professionelle Dienstleister (Wendt 2017, 157). Außerdem gehören auch Freizeit- und Selbsthilfegruppen sowie Bürgerinitiativen hierzu. Zu den sekundären oder makrosozialen Netzwerken zählen öffentliche institutionelle Netzwerke wie die Kommune oder die Kindertagesstätte (ebd.).

Aus Netzwerken werden dann soziale Netzwerke, wenn das Beziehungsgeflecht „anlassgerecht" (ebd. 157) genutzt werden kann und diese somit bei der „Bewältigung eines Anliegens oder einer Notlage" (ebd.) helfen. In Netzwerken findet demnach der Austausch von sozialem Kapital in Form von Unterstützung, die direkt und emotional absichernd erbracht werden kann, statt (ebd. 158). Der Austausch beinhaltet meist eine gewisse „Reziprozität" (ebd.), darunter wird das Prinzip der Leistung und Gegenleistung verstanden. Früchtel et al. (2007 b, 79) unterscheiden zwischen lebensweltlichen und professionellen Netzwerken. Sie schreiben beiden Formen ein enormes Potenzial zu, welches es in der Sozialen Arbeit zu nutzen gilt (ebd.).

3.3.4 Handlungsfeld Organisation

Sozialarbeiter sind in Organisationen eingebunden und diese sind wiederum Teile organisierter Arbeitsfelder (Früchtel et al. 2007 b, 25). Diese Arbeitsfelder prägen den Sozialarbeiter. Sozialarbeiter arbeiten für Jugendämter, in Behörden wie zum Beispiel der Arbeitsvermittlung, bei Wohlfahrtsverbänden uvm. Auf Ebene der jeweiligen Organisation gibt es Strukturen, Prozesse, Ziele und gelebte Routinen, und deshalb sind Sozialarbeiter in ihrem Handeln und den Methoden nie unabhängig von der Organisation, in der sie tätig sind (ebd. 112). Demnach sollten sie ein starkes Interesse daran haben, die eigenen Bedingungen mitzugestalten. In der Sozialraumorientierung geht es in diesem Handlungsfeld um „die Herstellung des geeigneten institutionellen Rahmens zur Verwirklichung der fachlichen Ziele" (ebd.).

Auf der Ebene der Organisation tritt der Sozialarbeiter als Organisationsentwickler oder Evaluator auf (ebd. 27). Denn Organisationen müssen sich in diesem Konzept grundsätzlich umorientieren, da es nicht mehr um die Umsetzung eigener Interessen, sondern um die Interessen der Klienten geht. In diesem Handlungsfeld müssen nach Früchtel et al. (ebd. 114) strukturelle Umstellungsaufgaben erfüllt werden, die die gesamte Organisation und deren Prozesse betreffen. Es ergeben sich vielfältige Aufgaben, wo es darum geht, eine entsprechende Bewusstseinsbildung zu initiieren. Die Wissens- und Lernkultur muss ebenso wie die Ziele, Angebote und Methoden verändert werden.

Prozesse zur Bewusstseinsbildung sind notwendig, weil Sozialraumorientierung nicht von oben angeordnet, sondern in der Organisation auch gelebt werden sollte. Grundsätzlich muss ein Konsens über die Notwendigkeit der Sozialraumorientierung erreicht werden. Es ist nötig Überlegungen anzustellen, wie die Informationen zum Sozialraum in die Organisation gelangen, gesammelt, gespeichert und zu einem gemeinsamen und verfügbaren Wissen werden (ebd. 116). Außerdem ergibt sich die Notwendigkeit die Organisation, ihre Ziele, Angebote und Methoden zu verändern (ebd. 117). Dies sei der schwierigste Schritt in diesem Handlungsfeld und kann als komplexe Aufgabenstellung verstanden werden, die in viele kleine Einzelaufgaben gegliedert werden muss. Nachfolgend sollen einige benannt werden, die vor allem für die Adressaten von Bedeutung sind. Unter anderem ist der Zugang zur Organisation für Klienten umzugestalten. Die Hilfeprozesse sollen an den Willen und an die Stärken der Adressaten angepasst werden.

Die Besprechungskultur sollte auch die Perspektive der Betroffenen einbeziehen. Es ist notwendig, zudem Strategien zu generieren, wie sozialräumliches Wissen zu nutzen ist und wie dieses in der Fall- und Gruppenarbeit, der Netzwerkarbeit und im sozialpolitischen Diskurs verwendet werden kann.

3.4 Spezifika der sozialräumlichen Arbeitsorganisation

Grundsätzlich orientiert sich sozialarbeiterisches Handeln im Rahmen des Konzeptes an folgenden Prinzipien (Hinte 2006, 9). Diese sind die Orientierung an den Interessen und am Willen der Menschen - aktivierende Arbeit hat Vorrang vor betreuender Tätigkeit. Bei der Gestaltung sollen die Ressourcen der Menschen und des Sozialraumes genutzt, die Aktivitäten zielgruppen- und bereichsübergreifend angelgt und durch Kooperation und Koordination Zusammenschlüsse mit den Akteuren des sozialen Raumes gesucht werden.

Die genannten Handlungsfelder können in der täglichen Arbeit „miteinander verschwimmen" (Früchtel et al. 2007 a, 13). Je nach Arbeitsplatz und Hierarchielevel unterscheidet sich der Arbeitsanteil in den Feldern. Die Fachkräfte einer sozialräumlichen Kinder- und Jugendhilfe arbeiten innerhalb von Sozialraumteams, die aus Sozialarbeitern des Allgemeinen Sozialen Dienstes des öffentlichen Trägers und Sozialarbeitern des privaten Hilfeträgers bestehen. Zudem sind anlassbezogen Verwaltungsmitarbeiter des öffentlichen und des privaten Trägers zugegen (Früchtel et al. 2007 b, 139). Sozialräumliches Arbeiten im Sinne des Fachkonzeptes beinhaltet in diesem Tätigkeitsfeld einen „Dreiklang" (Bestmann 2013, 110). Dieser besteht aus den Handlungsdimensionen einzellfallspezifisch, fallübergreifend und fallunspezifisch, die im praktischen Alltag fließende Übergänge zeigen (ebd.).

Die Einzelarbeit beinhaltet die klassische Arbeit »am Fall« und fallunspezifische Arbeitsstellungen, die sich aus der Fallarbeit ergeben (Budde/Früchtel 2006, 33). Fallunspezifische und fallübergreifende Arbeit findet in Form von Ressourcenerkennung für zukünftige Fälle im Sozialraum und durch die Aktivierung der Bevölkerung statt (Bestmann 2013, 99). Fallunspezifisch wird auch während der Fallarbeit gearbeitet, wenn innerhalb dieser Informationen über den Stadtteil, über Schlüsselpersonen und Ressourcen generiert werden. Aus der fallspezifischen Arbeit in der Einzelhilfe werden die Bedarfe vieler im Sozialraum lebender Familien erkennbar, zudem können für Familien im Hilfeprozess die fallunspezifisch erkannten Ressourcen und Angebote genutzt werden. Durch diese spezielle Form der Arbeitsorganisation entstehen positive Wechselwirkungen (Bestmann 2013, 114).

Fallunspezifische Arbeit wirkt präventiv, wenn durch niedrigschwellige Präsenz verhindert wird, dass ein Problem zum Fall wird (Budde/Früchtel 2006, 33). Sie wirkt integrierend wenn durch Techniken der Ressourcenmobilisierung Möglichkeiten aufgetan werden, die in der Einzelhilfe genutzt werden können (ebd.). Je nachdem wie der Sozialraum ausgestattet ist und welche Problemstellungen es gibt, ist es möglich innerhalb fallunspezifischer Arbeit die Bedingungen direkt durch Aktivitäten des Teams zu beeinflussen. Zudem ist es denkbar, dass Fachkräfte der Familienhilfe mit sozialpädagogischen Fachkräften anderer Arbeitsfelder des Sozialraumes kooperieren und bereichsübergreifend arbeiten. Es ist bei entsprechenden Bedarfslagen möglich, dass die öffentlichen und privaten Träger des Sozialraumteams Prozesse initiieren, die auf die Sozialstruktur einwirken oder zu einer Verbesserung der Situation vor Ort beitragen, indem sie weitere sozialräumliche Arbeitsfelder und Stellen schaffen. Sozialräumlich tätige Akteure können sich bei ihrer Arbeit außerdem „geradezu hemmungslos" (Hinte 2006, 9) von allen methodischen Ansätzen beeinflussen lassen.

4 Prävention von Vernachlässigung über den sozialen Raum

In diesem Kapitel erfolgt zunächst eine Darstellung der Ausgangslage und der Anforderungen im Hinblick auf präventive Überlegungen, die sich aus der wissenschaftlichen Auseinandersetzung mit der Thematik der Vernachlässigung von Kindern ergeben haben. Dabei wird die Ausgangslage hinsichtlich ihrer Problemstellungen und der Möglichkeiten des Fachkonzeptes Sozialraumorientierung betrachtet. Anschließend wird aufgezeigt, wie im Bezug auf Angebote und Zugänge vorgegangen werden könnte, um Eltern zu erreichen und mögliche Angebote an ihren tatsächlichen Bedarf anzupassen. Die wissenschaftliche Auseinandersetzung mit der Thematik hat zudem ergeben, dass Vernachlässigung durch eine Kumulation persönlicher Faktoren und Kontextfaktoren entsteht. Diese stellen sich als Ressourcenverluste im Bereich der Gesundheit der Eltern, bezüglich ihrer finanziellen Situation, ihrer Wohnsituation und ihrer sozialen Einbindung dar. Es wird exemplarisch dargestellt, welche »präventiv« und »integrativ« wirkenden Angebote und Maßnahmen im Hinblick auf Vernachlässigung nötig wären, um diese Ressourcenverluste zu vermeiden.

4.1 Ausgangslage und Anforderungen

Kindler schreibt (2008, 97), dass sich Überlegungen zu einem präventiven Vorgehen auf die Basis wissenschaftlicher Erkenntnisse beziehen sollten. Bei Vernachlässigung stellt sich dies aus folgenden Gründen als schwierig dar. Denn als Ursachen können sehr unterschiedliche Faktoren in Frage kommen. Es gibt Faktoren, die der Fürsorgeperson zugeordnet werden können, und Faktoren, die im Umfeld von betroffenen Familien erkannt wurden (Schone 2008, 54). Es ist jedoch nicht zu unterschieden, ob es sich dabei um tatsächliche Ursachen handelt oder um rein statistische Korrelationen (Kindler 2008, 97). Die erkannten Faktoren sind nach Kindler (ebd.), nüchtern betrachtet, eigentlich nur Informationen, aus denen sich nichts ablesen lässt. Es würden weitere Daten benötigt, die Aufschluss darüber geben, in welchem Maß diese in betroffenen Familien an Vernachlässigung beteiligt waren. Zudem gibt es eine Vielzahl an Bildungsangeboten für Eltern, jedoch ist beobachtet worden, dass diese betroffene Eltern nicht erreichen (Galm et al. 2010, 136).

Eine Forschungsbetrachtung führt bezogen auf die Ausgangslage nur weiter, wenn sie mit sozialwissenschaftlichen Theorien und Fachkonzepten verknüpft wird. Hierfür ist es nötig, die Blickrichtung und die theoretische Perspektive zu verändern. Aus der Perspektive der Lebensweltorientierung, die dem Fachkonzept

Sozialraumorientierung zu Grunde liegt, ist Vernachlässigung ein Geschehen, bei dem Eltern der Alltag nicht mehr gelingt. Es entstehen in diesem Alltag gesundheitliche, ökonomische und soziale Prozesse, in deren Verlauf Ressourcenverluste eintreten (ISA et al. 2012, 30). Diese sind so erheblich, dass die Ressourcen von Eltern aufgebraucht werden und die Fürsorge nicht mehr gelingt.

Dadurch wäre auch erklärbar, warum sozialarbeiterisches Handeln in verschiedenen Fällen von Vernachlässigung den Tod oder die Schädigung von Kindern nicht aufhalten konnte. Es hätte ein umfangreicher finanzieller und sozialer Ressourceninput erfolgen müssen. Fachkräfte der Familienhilfe, die institutionell auf Fallarbeit beschränkt werden, sind dabei mit einer Anhäufung von Problemstellungen konfrontiert. Diese können durch Sanktionen, Überschuldung, Nichtbeantragung von Leistungen, Überforderung durch mangelnde Unterstützung, gesundheitliche Probleme sowie soziale Isolation entstanden sein. Hierbei haben Verlustspiralen bereits eine eigene Dynamik entwickelt. Die bestehenden Verluste müssten durch Geldzuwendungen ausgeglichen werden, um die finanzielle Situation zu verbessern oder um säumige Beiträge zur Krankenversicherung auszugleichen. Zudem besteht für Fachkräfte keine Möglichkeit, gesundheitliche Ressourcenverluste, die durch Mängel in der Gesundheitsstruktur entstehen, zu bearbeiten oder Eltern in soziale Netzwerke einzubinden, um ihnen soziale Integration zu ermöglichen. So gesehen kommen sozialarbeiterische Fachkräfte zu spät in diese Familien, denn die Verlustspiralen haben bereits eine eigene Dynamik entwickelt und können aufgrund der ihnen auferlegten kontextuellen Beschränkungen der »Hilfe auf den Fall« nicht gestoppt werden (Treeß 2014, 153).

Im Gegensatz dazu ist es in einer sozialräumlich ausgerichteten Familienhilfe möglich, durch eine Erweiterung des Arbeitskontextes und durch fallunspezifische Arbeit mit Eltern bereits präventiv im Hinblick auf Verlustspiralen bei Vernachlässigung zu arbeiten. Denn präventives Vorgehen kann überall dort ansetzen, wo Eltern Ressourcenverluste auch durch gesellschaftliche Bedingungen drohen, die ihr Handeln einschränken. Dabei sollte sozialarbeiterisches Handeln zum einen an den gesellschaftlichen Realitäten orientiert und zum anderen die gesellschaftlichen Prozesse betrachtend sein. Realitäten sind das derzeitige Sozialleistungssystem und Erkrankungen von Eltern. Sozialarbeiter und Eltern müssen damit einen Umgang finden. Gesellschaftliche Prozesse sind eine beobachtbare Segregation und die soziale Isolation von Menschen, auf die im Rahmen des Fachkonzeptes methodisch eingewirkt werden kann. In dieser Hinsicht wirkt es präventiv, wenn Angebote und Zugänge verhindern, dass Eltern in ihren Handlungs- und Einflussmöglichkeiten eingeschränkt sind oder werden. Sozialarbeiterische Unterstützung sollte es demnach früh und bezüglich ihrer persönlichen, finanziellen und sozialen Realitäten geben, zumal die Forschungsergebnisse keinen Rückschluss auf konkrete Ursachen und konkrete Maßnahmen zulassen (Kindler 2008, 96 ff.). In dieser Hinsicht gilt es bei präventiven Angeboten auch zu beachten, was Eltern brauchen, um ihre Fürsorgeaufgaben zu erfüllen.

4.2 Sozialraumorientierung als präventiver und integrativer Ansatz

Sozialraumorientierung ist ein Fachkonzept, das sowohl das Individuum und seine Lebenswelt als auch dessen Umwelt beachtet (Hinte 2006, 11). Es setzt auch bei den Lebensbedingungen an und versucht diese mit den dort lebenden Menschen zu verändern (Hinte 2014, 34). Bei Planungen, Interventionen, Projekten und Evaluationen werden stets alle Handlungsfelder berücksichtigt (Früchtel et al. 2007 a, 15). Jedes der Handlungsfelder stellt einen anderen gesellschaftlichen Kontext Sozialer Arbeit dar. Innerhalb des Feldes kann mit „darauf zugeschnittenen Methoden" (ebd. 14) operiert werden. Das wirkt präventiv, denn die Methoden und Techniken, die Anwendung finden, sollen verhindern, dass aus den Problemen der Eltern Fälle werden (Budde/Früchtel 2006, 33). Diese Methoden und Techniken erlauben das Bearbeiten eines Problemhorizontes, der zum Beispiel durch ökonomische Probleme, soziale Isolation, fehlende Unterstützung, schlechte Wohnverhältnisse und einem Mangel an gesundheitlicher Versorgung bei Krankheit gekennzeichnet sein kann. Derartige Problemstellungen müssen nach Köngeter, Eßer und Thiersch (2004, 95) einbezogen werden, denn durch die „Zuspitzung der sozialpolitischen Rahmenbedingungen" werden auch die Lebenslagen der Menschen destabilisiert. Sozialraumorientierung ist ein Konzept, das im Hinblick auf Vernachlässigung in der Fläche eingesetzt werden kann und die Lebensbedingungen und Handlungsmöglichkeiten von Eltern allgemein zu beeinflussen vermag. Des Weiteren setzt es die Fachlichkeit der Sozialen Arbeit und die Adressaten in eine bessere Ordnung zueinander.

Im Hinblick auf die Prävention von Vernachlässigungen gilt es an mehreren Stellen anzusetzen. Eine grundsätzliche Strukturmaxime der Unterstützung sollte die Regionalisierung der Hilfemöglichkeiten sein. Dies bedeutet, es werden dezentrale Anlaufstellen vor Ort geschaffen, zum Beispiel durch die Einrichtung von Stadtteilbüros und/oder Familienzentren (Gut 2014, 207).

Außerdem können Zugänge und Angebote für Eltern so konzipiert werden, dass diese für sie erkennbar sind und ihnen helfen ihre alltäglichen Bewältigungsaufgaben zu erfüllen. Bewältigen müssen Eltern im Alltag die Pflege, die Erziehung, die körperliche und emotionale Versorgung, die altersgemäße Förderung und den Schutz ihrer Kinder sowie die Anforderungen eines komplizierten Familien- und Sozialleistungssystems. Zudem ist es erforderlich, all diejenigen, die für die lokale Sozialstruktur Verantwortung tragen, einzubeziehen. Auch den enormen Kräften, die am derzeitigen Wohnungsmarkt herrschen, muss konsequent entgegengetreten werden. Nachfolgend wird dargestellt, warum und durch welche Maßnahmen dabei präventiv und integrativ auf verschiedenen Ebenen vorgegangen werden sollte.

4.2.1 Passungsherstellung und Veränderung der Nutzungsmerkmale

Im Hinblick auf ein präventives Vorgehen bei Vernachlässigung sollte bei der Herstellung der Passung und der Umstellung der Nutzungsmerkmale begonnen werden. Die Herstellung der Passung ist notwendig, weil das Verhältnis zwischen den Bedarfen von Eltern und den Angeboten der Organisation stimmen muss, damit diese von Eltern frühzeitig genutzt werden (Seithe 2012, 58). Es gilt die Organisation so zu entwickeln, dass sich diese im Hinblick auf Vernachlässigung an deren Bedarfen orientiert und geeignete Zugänge schafft. Dies setzt die Kenntnis der sozialen Wirklichkeit der Eltern im Sozialraum voraus. Wie es um die soziale Wirklichkeit der Eltern bestellt ist, lässt sich durch Felderkundung herausfinden (Früchtel et al. 2007 a, 114). Der soziale Raum als deren Wirklichkeit besteht zum einen aus einer infrastrukturellen Ausstattung und zum anderen aus „Kommunikationsgemeinschaften" (ebd.). Dies sind Bewohnergruppen, die regelmäßig miteinander sprechen und Informationen austauschen.

Um den konkreten Raum der Eltern zu erkunden, sollten professionelle Methoden verwendet werden. Es ist erforderlich, dass dabei eine „Stadtteilperspektive" (ebd. 111) eingenommen wird. Geeignete Techniken sind der „Weitwinkelscan" (ebd.129) und die „Stadtteilerkundung mit Stadtteilexperten" (ebd. 134). Ein Weitwinkelscan dient dem ersten Erkunden eines Stadtteils und besteht nach Früchtel et al. (ebd. 130) aus bestimmten Elementen. Es werden alle leicht verfügbaren infrastrukturellen Daten von Behörden gesammelt, die im Zusammenhang mit Familien stehen, zum Beispiel die aktuellen Geburtenzahlen und Informationen zu den Generationenhaushalten. Zudem sind mit ansässigen Bürgern zwanzig „One-to-Ones" (ebd. 176) zu führen. »One-to-Ones« sind zielgerichtete Zweiebenengespräche. Auf der Beziehungsebene soll eine Vertrauens- und Sympathiebeziehung zum Gegenüber hergestellt werden, die immer wieder genutzt werden kann. Und auf der Inhaltsebene sollen Informationen über die Menschen, das Zusammenleben und die Probleme des Viertels generiert werden. Des Weiteren wird durch Beobachtung zu unterschiedlichen Zeiten wahrgenommen, wie Mütter, Väter und Kinder den Stadtteil nutzen. Alle Fachkräfte des Trägers nutzen Beratungsgespräche, um durch »One-to-Ones« Ressourcen und Beziehungen zu generieren. Bei der Neuerkundung eines Stadtteils wird zudem mit fünf Fachkräften aus dem Gebiet ein Gespräch über den Stadtteil geführt. Hierdurch entsteht ein sehr genauer Eindruck über den Sozialraum, die Menschen und deren Lebenssituation. Des Weiteren wird eine „Stadtteilerkundung mit Stadtteilexperten" (ebd. 134) durchgeführt. Dabei geht es um das Erhalten von Fachwissen durch Experten. Diese Experten sind keine Professionsangehörigen, sondern Menschen mit einem besonderen Zugang zum Stadtteil. Es sind Eltern oder Mütter, die sich dort besonders gut auskennen. Wer sich besonders gut auskennt, ist durch »One-to-Ones« herausfindbar. Dies kann durch Nutzung von infrastrukturellen Angeboten, zum Beispiel durch einen Besuch beim lokalen Frisör, geschehen (ebd. 130).

Bezüglich der Passung zwischen der Organisation und den Adressaten sollten zudem die Zugangswege für Eltern betrachtet werden (ebd. 200 ff.). Die besten Angebote sind wirkungslos, wenn Eltern sie nicht kennen oder nicht erreichen. Es gilt deshalb zu überlegen, wie Eltern zur Organisation und zu Angeboten finden und ob sie diese im Hinblick auf ihre derzeitige Situation als Unterstützung identifizieren können (Früchtel et al. 2007 b, 113). Eine sozialräumlich arbeitende Organisation schafft für Adressaten „Portale" (ebd. 120). »Portale« stellen sich in diesem Konzept als Verbindung zwischen den Menschen und der Organisation dar, dabei sollen Organisationen und ihre Angebote für diese erkennbar werden. Hierbei werden „Portaltechniken" (Früchtel et al. 2007 a, 200 ff.) eingesetzt. Dazu eignet sich die „Fremdbilderkundung" (ebd.). Eine Fremdbilderkundung findet im Zweierteam statt. Dabei werden durch sozialpädagogische Fachkräfte Passanten in der nahen Umgebung bezüglich ihrer Wahrnehmung der Organisation, zu deren Image und zu ihren Wünschen und Ideen befragt. Es ist ein lebensweltorientiertes Vorgehen nötig, denn Menschen nutzen den Sozialraum in bestimmten Lebensphasen unterschiedlich (Thiersch et al. 2012, 187). Befragungen finden demnach dort statt, wo Familien sich aufhalten, an bevorzugten Plätzen und genutzten Einrichtungen (Früchtel et al. 2007 a, 200 ff.). Im Ergebnis entstehen verschiedene Berichtsammlungen. Zum einen resultiert daraus ein Imagebericht, der Informationen über die

Außenwahrnehmung gibt und der nötige Veränderungen aufzeigt. Des Weiteren wird ein Ideenbericht erstellt, welcher Aussagen zu den Bedarfen ermöglicht, die aufgrund der Befragung von Eltern und Kindern zu Wünschen und Ideen bezüglich des Sozialraumes geäußert wurden. Letztlich folgt noch ein Interaktionsbericht, der neue Kontakte im Sozialraum und neue Ressourcen aufzeigt. Die Befragten erhalten am Ende ein Informationsblatt mit den Kontaktadressen der Organisation. Die Befragungsbögen werden ausgewertet und deren Ergebnisse zur Gestaltung der Portale und der Angebote herangezogen. Außerdem werden die Kontaktdaten aller befragten Eltern, Fachkräfte und Anwohner dokumentiert und diese zusammen mit Vertretern der lokalen Politk zu einer Präsentation der gewonnenen Erkenntnisse eingeladen.

Bei der Felderkundung können eventuelle Probleme bezüglich der Erkennbarkeit deutlich werden. Zudem ist es möglich durch gezieltes Fragen, zum Beispiel was sich die Eltern unter einer »Koordinierenden Fachstelle für Kinderschutz« vorstellen, herauszufinden, ob sie diese als Angebot im Falle von persönlichen, ökonomischen und sozialen Problemen erkennen würden. Es wäre vorstellbar, dass hier die Bezeichnung eventuell die Nutzung verhindert, weil diese Bezeichnung den Eltern womöglich Angst macht. Es würde außerdem deutlich, welche lebenspraktische Unterstützung sie sich bei Behördenangelegenheiten, Antragsvorgängen sowie der Pflege und Erziehung von Kindern wünschen. Und für die Organisation ist erkennbar, welche Ressourcen es im Sozialraum gibt, zum Beispiel Selbsthilfegruppen, Elterninitiativen usw., über die bislang keine Kenntnis vorlagen. Außerdem wäre es denkbar, dass weitere Portale in Form von Social Media Plattformen zu erstellen sind, um Eltern über Angebote zu informieren oder um mit ihnen in Kontakt zu kommen (Pfafferott/Lange 2015, 6).

Zudem wird vielfach ein Bedarf an niedrigschwelligen Zugängen für Eltern proklamiert (Kindler 2008, 100). Daraus ergibt sich, dass die Nutzungsmerkmale der Zugänge verändert werden sollten. Im Konzept der Sozialraumorientierung sind diese so gestaltet, dass die Nutzung der Angebote keiner „Eintrittskarte" vom Jugendamt in Form eines Antrages auf Hilfen zur Erziehung bedarf (Bestmann 2013,104). Es können alle Eltern des Sozialraumes daran teilnehmen, denn die Angebote werden innerhalb des Sozialraumes geöffnet (Bestmann 2013, 163). Sozialraumteams arbeiten „vor Ort" (Buddde/Früchtel 2006, 37) und sind somit Teil des Sozialraumes der Eltern. Die Teilnahme ist zugleich nicht-stigmatisierend, weil Eltern nicht als Fall „identifiziert und konstruiert" (Bestmann 2013, 163) worden sind. Sie können Angebote nutzen, die der Bedarf vieler Eltern sind, und nicht weil sie ein persönliches Risiko haben. Dies verspricht Nachhaltigkeit, denn es werden hierfür die verfügbaren Ressourcen des sozialen Raumes mobilisiert. Weil bekannt ist, dass auch betroffene Eltern noch Handlungs- und Einflussmöglichkeiten haben, sollten Angebote dazu dienen, dass sie diese wieder einsetzen. Das kann unter Beachtung der Maximen »Unterstützung von Eigeninitiative und Selbsthilfe« und »Nutzung der Ressourcen der Menschen und des sozialen Raumes« geschehen (Früchtel et al. 2007 b, 40).

4.2.2 Angebotsadaption

Welche Versorgung ein Kind braucht, kann als Standard nicht vorgegeben werden. Wieviel Fürsorge nötig ist oder was gute Fürsorge ausmacht, ist „gesellschafts- und geschichtsabhängig" (Schone et al. 1997, 25).

Allerdings ist bekannt, dass Eltern Wissenslücken bezüglich der kindlichen Versorgung haben oder dass sie Fehler machen (ebd. 22). Die Wissenslücken von Eltern können den körperlichen, emotionalen, erzieherischen sowie den Schutzbereich der Kinder betreffen (Gitter 2012, 129; Hofacker 2012, 97; Galm et al 2010, 25; Schorn 2011, 11). Angebote könnten sich dabei thematisch auf die Basic Needs von Fegert (1997, 74) beziehen. Weil Kinder aller Altersstufen (Hofacker 2012, 97) betroffen sind, sollte es Angebote für Eltern mit Kindern aller Altersstufen und hinsichtlich ihrer speziellen Bedarfe innerhalb der kindlichen Lebensphasen geben.

Zur Adaption der Angebote wird ein Abgleich der Bedarfslagen und möglicher Angebote vorgenommen. Die konkreten Bedarfslagen werden durch die Sozialraumteams erfasst, weil diese Bedarfe entweder von vielen Eltern geäußert oder von den Sozialarbeitern des Teams aufgrund einer „fachlichen Interpretation" (Bestmann 2013, 99) erkannt wurden. Des Weiteren sollte bei Überlegungen zu Bildungsangeboten beachtet werden, dass diese nicht angenommen werden, wenn sie zu mittelschichtsorientiert und nicht lebenspraktisch ausgerichtet sind (Ifb 2010, 2). Deshalb muss die inhaltliche Angebotsgestaltung an den Bewältigungsaufgaben von Eltern bezüglich des Alltags orientiert sein (Thiersch et al. 2012, 187). Auf der Inhaltsebene gilt es, zwischen zwei Wissensbereichen zu differenzieren. Es kann zum einen die Vermittlung von »Alltagskenntnissen« für Eltern und zum anderen »medizinisch-pädagogisches Fachwissen« nötig sein. Lebensnahe Kenntnisse (Kindler 2008, 100) können sich auch als »Alltagskenntnisse« zu Themen wie Kinderpflege, Haushalt und Finanzen darstellen. Unter Umständen ist professionelles Wissen zu bestimmten pädagogischen oder medizinischen Themen, wie zum Beispiel dem Umgang mit Schreibabys, der Nahrungsumstellung, der Trotzphase uvm.

erforderlich. Die Angebote sollten in Form von Gruppenarbeit ohne Zielgruppen-spezifikation wie »junge Eltern« oder »Eltern mit Säuglingen« angeboten werden. Hierbei besteht für Eltern, anders als bei Vorträgen, die Möglichkeit, sich aktiv zu beteiligen. Sie können ihr bereits vorhandenes Wissen oder Kenntnisse und Erfahrungen einbringen und austauschen. Die Arbeit mit den Elterngruppen sollte von zwei Kräften durchgeführt werden, einer sozialpädagogischen Fachkraft und einem inhaltlichen Experten. Dies kann auch eine Mutter oder ein Vater sein. Die sozialpädagogische Fachkraft ist für das prozessuale Geschehen innerhalb der Gruppe zuständig, ebenso für die Rahmenbedingungen sowie für die Methoden. Die Inhalte sind das jeweilige Thema der Eltern, hier fungieren sie als Experten.

Durch diese fallunspezifische Arbeit ist es möglich, präventive Wirkungen zu erzeugen. Zum einen können Eltern ihre Alltagswissenslücken schließen und Fehler bei der Versorgung von Kindern vermeiden. Zum anderen entsteht für Fachkräfte, die sich mit Eltern in einem Einzelhilfeprozess befinden und deren Klienten auch Wissenslücken haben, eine Möglichkeit, dass sich diese an solchen Gruppen beteiligen (Budde/Früchtel 2006, 33). Des Weiteren stellt dies eine Option für Mütter und Väter, die im Sozialraum isoliert sind, dar. Sie können sich diesen Gruppen anschließen und Kontakt zu anderen Eltern finden. Es werden Faktoren wie „mangelnde soziale Integration" (Schone et al. 1997, 32) und Überforderung durch „fehlende Unterstützung" (Schorn 2011, 19) beeinflussbar, denn innerhalb der Gruppen können Beziehungen entstehen, die soziales Kapital bilden (Früchtel et al. 2007 b, 88).

4.2.3 Gesundheit - Casemanagement und Selbsthilfegruppen

Vernachlässigung beruht auf einer basalen Bindungsstörung (Schone et al. 1997, 21). Die Bindung kann durch Erkrankungen der Eltern irritiert werden (Brisch 2009, 162 ff). Depressive Erkrankungen und Suchterkrankungen sind weit verbreitet (Wittchen et al. 2010, 14). Jede fünfte Mutter hat erhöhte Angst- und Depressivitätswerte (Sperlich et al. 2011, 739). Damit aus den gesundheitlichen Problemen der Eltern kein Fall von Vernachlässigung entsteht, müssen sich diese behandeln lassen können.

Es wirkt präventiv, wenn auf Ebene der Sozialstruktur (Früchtel et al. 2007 b, 156) zum einen durch bereichsübergreifende Arbeit Einfluss auf die Leistungsprozesse des lokalen Gesundheitssystems genommen wird, damit Eltern Zugang zum Gesundheitssystem haben. Zum anderen können auf der Ebene Netzwerk durch fallunspezifische Arbeit die Handlungs- und Einflussmöglichkeiten von Eltern gestärkt werden, wenn es zur Bildung von Selbsthilfegruppen kommt (Früchtel et al. 2007 a, 323). Früchtel et al. (2007 b, 29) legen dem zu Grunde, dass Fachkräfte in der Einzelhilfe die soziostrukturellen Einflussfaktoren des Sozialraumes reflektieren.

Auf Ebene der Sozialstruktur ist Einmischung in das lokale Gesundheitssystem nötig, sobald defizitäre Bedarfslagen erkannt werden (Früchtel et al. 2007 b, 156). Dies wäre der Fall, wenn es vor Ort eine unzureichende ärztliche Versorgung, keine Hebammenbetreuung oder lange Terminvergabezeiten gibt. Ziel der Beeinflussung von lokalen Bedingungen des Gesundheitssystems ist eine wohngebietsnahe und bedarfsgerechte medizinische Versorgung.

Im Arbeitsfeld Sozialstruktur können sozialräumlich arbeitende Fachkräfte als „Strukturarbeiter" (ebd.) tätig werden und dadurch Einfluss auf Lebensbedingungen nehmen. Methodisch ist es möglich, den Bereich der Gesundheitsversorgung durch Casemanagement zu beeinflussen. Dieses ist mit den Handlungsmaximen der Sozialraumorientierung „kompartibel" (Kleve 2005, 7) und wird wie folgt definiert (DGCC 2012):

> „Casemangement ist eine Verfahrensweise in Humandiensten und ihrer Organisation zu dem Zweck, bedarfsentsprechend im Einzelfall eine nötige Unterstützung, Behandlung, Begleitung, Förderung und Versorgung von Menschen angemessen zu bewerkstelligen. Der Handlungsansatz ist zugleich ein Programm, nach dem Leistungsprozesse in einem System der Versorgung und in einzelnen Bereichen des Sozial- und Gesundheitswesens effektiv und effizient gesteuert werden können."

Casemanagement wird in den sozialen Arbeitsfeldern meist in der Einzelarbeit eingesetzt, aber es ist möglich, Casemanagement auch auf der Systemebene anzuwenden. Gerade im Hinblick auf Vernachlässigung und der Notwendigkeit, dass Eltern durch Erkrankungen, die unbehandelt bleiben, Ressourcen verlieren könnten, müssen damit die Leistungsprozesse des lokalen Gesundheitswesens verbessert werden. Dabei werden alle relevanten Akteure, die zur Lösung des Problems beitragen können, zusammmengeführt. Bezüglich der lokalen Gesundheitsversorgung sind dies die Ärztekammer, die Krankenkassen, die Kliniken und Einrichtungen sowie die Hausärzte, die Fachärzte und die Hebammen usw. Die Aufgabe besteht darin, ein zielgerichtetes System von Zusammenarbeit zu organisieren, zu kontrollieren und zu evaluieren (DGCC 2017).

Auf der Netzwerkebene können zudem im Rahmen fallunspezifischer Arbeit die Handlungs- und Einflussmöglichkeiten für chronisch erkrankte Eltern durch Schaffung von Selbsthilfegruppen erhalten werden (Früchtel et al. 2007 a, 323; Wendt 2017, 157). Nach Thiel (2011, 752) ist Selbsthilfe ein

> „...kollektiver Prozess, um gleiche Probleme gemeinsam zu bearbeiten und zu bewältigen – ohne denselben Alltag teilen zu müssen, ohne bzw. in Ergänzung zu fachlicher/professioneller Hilfe. Gemeinschaftliche S. entfaltet in selbst organisierten, sekundären sozialen Netzen eigene Kräfte und Fähigkeiten. Kommunikation und Handeln geschehen auf freiwilliger Basis, dienen der Selbstsorge wie der Fremdsorge und bringen Eigensinn und Gemeinsinn hervor..."

Selbsthilfegruppen nutzen zivilgesellschaftliches Engagement, um Hilfestellung bei persönlichen und individuellen Themen zu geben. Dies wird durch die Nutzung der „Kraft der Gemeinschaft" (Wendt 2017, 379) möglich. Der zentrale Grundsatz der Selbsthilfegruppen ist, dass die Mitglieder aus Selbstbetroffenheit freiwillig und gleichberechtigt die Gruppenarbeit bestimmen und sie in erster Linie etwas für sich tun (Wendt 2017, 380). Selbsthilfegruppen erfüllen dabei vor allem folgende Funktionen: Es bildet sich eine Gemeinschaft (ebd.). Innerhalb der Gruppe finden die Mitglieder Kontakt in schwierigen Lebenssituationen und machen die Erfahrung mit diesen Lebenssituationen nicht alleine zu sein. Eine weitere Funktion ist die Bewältigung (ebd.). Im Schutz von Vertraulichkeit und einer beschränkten Öffentlichkeit können neben sachlichen Informationen auch persönliche Probleme besprochen werden, weil Gleichbetroffene ihre Situation darstellen können und die Teilnehmer erfahren, wie andere diese bewältigen. Die dritte Funktion ist die der Veränderung (ebd.). Der Alltag der Teilnehmer wird durch die regelmäßigen Treffen strukturiert. Diese Gruppen ermöglichen den Mitgliedern auch öffentliches Handeln und gemeinsame Aktivitäten. Sie können kollektiv die Bedingungen des Alltages verändern. Besteht Bedarf an mehreren solchen Gruppen, könnte eine sozialräumlich arbeitende Organisation eine Kontaktstelle schaffen (Wendt 2017, 379). Darunter ist Folgendes zu verstehen (ebd.):

> „Selbsthilfekontaktstellen sind eigenständige, örtlich oder regional arbeitende professionelle Beratungseinrichtungen, die über hauptamtliches Personal, Räume und Ressourcen verfügen und in aller Regel umfassende Informations-, Beratungs- und Unterstützungsangebote erbringen."

Im Rahmen von Gruppenarbeit ist es des Weiteren möglich, Vorkehrungen für spezielle Lebenssituationen zu schaffen. Mit Eltern können Notfallpläne für den Fall einer Erkrankung aufgestellt werden. Es wird erarbeitet, wer bei Erkrankung zu welcher Uhrzeit von den anderen Eltern oder Nachbarn kontaktiert werden kann, wie der Transport zum Arzt oder ins Krankenhaus organisiert wird und wer die Versorgung der Kinder übernehmen soll.

4.2.4 Leistungsverfahren - Alltagspraktische Unterstützung

Präventiv wirkt es, wenn Eltern alltagspraktische Unterstützung bezüglich der Sozialleistungsverfahren erhalten und Sanktionen sowie finanzielle Verluste verhindert werden. Dies erscheint nötig, denn sowohl das Basisverfahren für den ALG II Bezug als auch familienspezifische Anträge gelten als kompliziert. Sie sind anspuchsvoll und aufgrund der Amtssprache für den Bürger oft unverständlich (Andresen/Galic 2015, 174; Lenze/Funcke 2016, 33; Butterwegge 2015, 151). Innerhalb der Studie »Alleinerziehende unter Druck : Rechtliche Rahmenbedingungen, finanzielle Lage und Reformbedarf« wurden alleinerziehende Eltern zu ihren Bedarfen befragt. Diese gaben an, dass sie sich „bessere Informationen über Unterstützungsangebote, Hilfe im Umgang mit Ämtern und Behörden, feste Ansprechpartner und weniger Bürokratie" (Lenze/Funcke 2010, 34) wünschen. Bezüglich der Kompliziertheit von Sozialleistungsverfahren wird in dieser Studie Folgendes bemerkt: „Im Fall der Alleinerziehenden wirken die bestehenden Sozialleistungen, die das Verlassen des SGB II fördern sollen, nicht gut zusammen und sie sind in ihrer Vielzahl sehr unübersichtlich" (ebd.).

Zudem sieht das Leistungsverfahren der »Grundsicherung für Arbeitssuchende« bei Pflichtverletzungen Rechtsfolgen vor (BA 2016, 64). Verstöße haben eine sukzessive Kürzung des soziokulturellen Existenzminimums zur Folge. Des Weiteren können sie zur Einstellung der Leistungen bezüglich der Heizkosten und Miete führen und Eltern von der Krankenversicherung ausschließen (BA 2016, 64).

Im Rahmen fallunspezifischer Angebote können verschiedene präventive Maßnahmen erfolgen. Zunächst müsste die Organisation hierfür eine Kontaktstelle im Sozialraum schaffen und diese an die sozialpädagogische Familienhilfe angliedern. Fragen von Eltern zu ihren Anträgen, Bescheiden und Problemen sollten zügig, zeitnah sowie unbürokratisch beantwortet werden. Bei Schwierigkeiten, die den Bezug der Leistungen gefährden könnten, müssen die dort tätigen Fachkräfte sofort Kontakt mit den zuständigen Behörden aufnehmen. Dies ist zum einen wichtig, damit Eltern die ihnen zustehenden finanziellen Leistungen auch erhalten können. Zum anderen muss der Verbleib von Eltern in einer Krankenkasse gesichert werden.

Auf Ebene der Organisation könnten diesbezüglich weitere infrastrukturelle Anpassungen notwendig werden. Denn die einzelnen Behörden, die für Familien zuständig sind, arbeiten im Bereich E-Government sehr unterschiedlich. Dadurch entstehen für diese in zweierlei Hinsicht neue Barrieren. Zum einen benötigen sie für die Nutzung von E-Government eine entsprechende technische Ausstattung und zum anderen Anleitung, um sich online zurecht zu finden. Eine Studie von McKinsey (2015, 11) ergab zum E-Government von Behörden Folgendes: „Jede Behörde scheint – salopp gesagt – ihr eigenes Süppchen zu kochen und ihre Aufgabe vor allem darin zu sehen, das eigene Angebot online zu stellen, ganz nach dem Motto: Das wird der Bürger schon finden.“

Für Eltern müssten innerhalb der lokalen Kontaktstelle einfache infrastrukturelle Möglichkeiten wie ein Computer, ein Drucker und WLAN zur Verfügung gestellt werden, um deren Handlungs- und Einflussmöglichkeiten zu erhalten. Sie sollen sich Informationen zu Antragsverfahren oder auch Formulare auch selbst erschließen oder Kontakt zu ihrem Sachbearbeiter via Mail aufnehmen können. Im Handlungsfeld Organisation ist es nötig, durch die Schaffung allgemeiner, lebenspraktischer und niedrigschwelliger Beratungsangebote und durch Unterstützung bei der Nutzung von Behördenportalen Probleme zu vermeiden. Ferner ist Expertenwissen zu Gesetzen und Formalien bei Fachkräften, die im Bereich der Schuldnerberatung arbeiten, bereits vorhanden (Hinte 2006, 102). Durch personelle Umstrukturierung auf Organisationsebene kann fachliches Potenzial genutzt und in diese Angebote eingebracht werden.

Da Eltern an den aktivierenden Maßnahmen der Jobcenteragenturen teilnehmen müssen, um nicht sanktioniert zu werden, ist auf Ebene der Sozialstruktur eine Kooperation mit den Jobcenteragenturen anzustreben. Dies sollte geschehen, sobald die betroffenen Eltern des Sozialraumes Schwierigkeiten hinsichtlich der Vereinbarkeit von Maßnahmen und ihren Fürsorgeaufgaben zu erkennen geben. Diesbezüglich müssten regelhaft Absprachen mit den Agenturen stattfinden, so dass geplante Maßnahmen nicht in den Ferienzeiten oder an Schließtagen von Schulen und Kindertagesstätten stattfinden. Bei einer schlechten infrastrukturellen Anbindung des Wohngebietes ist es zudem erforderlich, dass diese Maßnahmen wohnortnah durchgeführt werden. Hierfür könnten durch Sozialraumteams Ressourcen anderer Organisationen erschlossen werden, zum Beispiel die Räumlichkeiten von Kirchengemeinden.

4.2.5 Wohnraum und Wohnumfeld - Quartiersmanagement

Aus der wissenschaftlichen Aufarbeitung von Vernachlässigungsfällen ist bekannt, dass das Wohnumfeld der betroffenen Familien sehr schlecht und von einer hohen Gewaltrate gekennzeichnet war. Quartiere sollten im Hinblick auf Vernachlässigung als „Wohngebiete und Wohnumwelten genügend Lebenschancen und Entwicklungsmöglichkeiten bieten" (Meinhold 1998, 236). Momentan gibt es zudem in Deutschland Wohnungsnot, es wird eine zunehmende Segregation und die Diskriminierung bestimmter Nachfrager wie beispielsweise sozialleistungsberechtigte Menschen, alleinerziehende Eltern und Familien mit mehreren Kindern beobachtet (Statista 2017; Brülle 2015, 2).

Auf die Sozialstruktur muss immer dann Einfluss genommen werden, wenn Fachkräfte und/oder Eltern erkennen, dass sich durch Segregation Quartiere mit einer schlechten Lebensqualität bilden oder bereits gebildet haben und der Einzelne kaum noch Möglichkeiten hat, die Situation im Quartier zu verbessern (Wendt 2017, 308; Hinte 2006, 201). Sozialräumliches Arbeiten im Quartier bezieht sich in dieser Hinsicht nicht auf „erfassbare Kohorten" (Hinte 2014, 74) wie zum Beispiel Nationalitäten, Jugendliche und Senioren. Es hat aber bestimmte Gruppen im Blick, allerdings unter „Verzicht auf vorgängige Etikettierungen" (ebd.). Dabei soll die Aufmerksamkeit der Sozialarbeiter auf alle im Stadtteil lebenden Menschen gelenkt sein, um die Lebenssituation von bestimmten Gruppen wie zum Beispiel Familien zu verbessern. Diese zielgruppenunspezifische Arbeitsform ist zugleich für Mütter und Väter nicht-stigmatisierend (ebd.).

Ist das Problem der Segregation in einem Sozialraum erkannt worden, erfordert dies sozialpädagogische Arbeit in einem anderen Arbeitsfeld und die Implementierung ressortübergreifender Handlungskonzepte und Entwicklungsstrategien (Wendt 2017, 308). Eine nachhaltige und umfassende Möglichkeit ist das Quartiersmanagement. Quartiersmanagement ist ein komplexer Prozess, der institutionell gesteuert wird. Dabei kommen vorrangig Arbeitsformen zum Einsatz, die dem „Aufbau, der Aktivierung und Organisation von materiellen und personellen Ressourcen eines Stadtteils" (Hinte 2006, 42) dienen. Hinte (2014, 43) bezeichnet hierbei die Gemeinwesenarbeit als das Arbeitsfeld und Quartiersmanagement als „eine auf drei Aktionsebenen ablaufende Strategie" (Hinte 2014, 40). Hierbei gibt es jedoch keine einheitlichen Lösungen, vielmehr muss sich an den lokalen Bedingungen orientiert werden (Wendt 2017, 309).

Eine Aktionsebene ist die Stadtteilarbeit (Hinte 2014, 41). Stadtteilarbeit kann in Form von Projekten und Aktionen erfolgen, die sich an den geäußerten Wünschen oder an wechselnden Interessen von Bewohnern orientieren, zum Beispiel durch Workshops wie »Generationenfreundliche Lebenswelten im Stadtteil« oder durch themenunspezifische Aktivierung in Form von »Stadtteilfesten«. Zudem kann auf einer zweiten Ebene eine intermediäre Instanz geschaffen werden, die als Bindeglied zwischen „der Lebenswelt im Stadtteil und der nach Sektoren geordneten Bürokratie, Institutionen und Unternehmen" (ebd.) fungiert. Die dort tätigen Sozialarbeiter führen systematisch „Geld, Menschen, Bedarfe und Ideen" (ebd.) zusammen. Um dies tun zu können, haben sie zum einen Kenntnis über die Wohnungs-, Erwerbs-, und Jugendhilfepolitik und gleichzeitig Kenntnisse vom Alltag der Menschen im Viertel, wofür sie dort präsent sein müssen. Die dritte Aktionsebene ist die Kommune. Dort kann es Gebietsbeauftragte geben (ebd. 42). Diese sind der kommunalen Verwaltung angeschlossen. Sie ermöglichen den intermediären Instanzen einen Zugang zur Bürokratie und vertreten innerhalb der Verwaltung einen integrierenden sozialräumlichen Ansatz. Diese haben Zugang zur kommunalen Verwaltung und Einflussmöglichkeiten. Sie können bei Bedarf Vorgänge beschleunigen und bürokratische Widerstände gegen Ideen zur Verbesserung der Lebensqualität im Sozialraum brechen.

Durch Kooperation von Fachkräften auf diesen Aktionsebenen des Quartiersmanagements kann dem Problem der Segregation mit Handlungskonzepten begegnet werden (Wendt 2017, 308). Bei herrschender Gewalt und bei Konflikten unter den Bewohnern kann durch Gemeinwesenmediation ein Interessensausgleich herbeigeführt werden. Außerdem wird die Bevölkerung zu politischer Mitwirkung und Mitbestimmung eingeladen und angeregt. Um das Image des Stadtteiles aufzuwerten, kann zusätzlich innerhalb der Bevölkerung Kontakt und Identität gestiftet und gefördert werden. Soll die Versorgungsqualität im Sozialraum verbessert werden, dann geschieht dies durch Aktivitäten im ökonomischen Sektor. Alle drei Aktionsformen bilden das Arbeitsfeld und ermöglichen eine Verbesserung. Die Stadtteilarbeit soll die Grundmobilisierung der Bevölkerung bewirken (Hinte 2014, 41).

4.2.6 Soziale Isolation - Generierung von Sozialkapital

Auch eine soziale Isolation von Eltern und Überforderung aufgrund mangelnder Unterstützung sind als Faktoren bei Vernachlässigungsprozessen bekannt (Schone et al. 1997, 32; Schorn 2011, 19). Eine schlechte ökonomische Situation oder

Erkrankungen wie zum Beispiel Depressionen können den sozialen Rückzug von Eltern auslösen (Geene 2013, 19; Böhnke 2007, 235).

Aus evaluierten Programmen ist bekannt, dass soziale Isolation ein häufiger Anlass ist, der einzelfallspezifisch identifiziert wird und der sehr verbreitet zu sein scheint (Bestmann 2013, 99). Demnach bestünde häufig eine kommunikative und soziale Isolation von Adressaten im Lebensalltag. Dies ist auch dann beobachtbar, wenn Menschen in dicht besiedelten Wohngebieten leben. Soziale Isolation kann als Mangel an sozialem Kapital bezeichnet werden. Es fehlt den Menschen an Beziehungen, die Unterstützung leisten, und an Gesprächen, die Entlastung bringen. Denn soziales Kapital hilft Menschen „Belastungen leichter zu ertragen" (Früchtel et al. 2007 b, 88). Auf der Ebene Netzwerk erfordert diese Problemstellung die Schaffung offener Angebote. Denkbar sind alle möglichen „Gruppierungsformen" (ebd. 100). Sozialarbeiter etablieren hierbei eine „Aktivierungskultur" (ebd.). Es geht darum, durch überbrückendes Sozialkapital Verbindungen unter Eltern oder Verbindungen von Eltern zu anderen Bewohnern des Sozialraumes zu schaffen. Dies sorgt für Integration. Ein offenes Angebot, um mit anderen Bewohnern in Kontakt zu kommen, kann in Form eines Mittagstisches für alle gemacht werden (Bestmann 2013, 164). Die Menschen können miteinander in Kontakt treten und sich über ihren Alltag etc. austauschen. „Zufallsbeziehungen" (Früchtel et al. 2007 b, 87) werden in Beziehungen umgewandelt.

Der sozialen Isolation von Eltern kann auch in Form von Gruppenarbeit im Rahmen fallunspezifischer Arbeit begegnet werden. Solche Möglichkeiten sind Eltern- oder Familiengruppen (Bestmann 2013, 100). In diesen können sich die Eltern von Kindern aller Altersstufen zusammenschließen und sich über ihre Themen und Erfahrungen austauschen. Gerade das Besprechen von individuellen Themen ist für Menschen sehr wichtig. Aus Evaluationen ist bekannt, dass dies für sie eine große Entlastung darstellt (Bestmann 2013, 165). Die Sozialarbeiter schaffen für diese Eltern-Kind-Gruppen die räumlichen Rahmenbedingen. Sie suchen aktiv Kontakt zu Eltern und laden diese ein. Innerhalb von Familiengruppen kann zum anderen mit „Nimmkraft" (Früchtel et al. 2007 b, 87) gearbeitet werden.»Nimmkraft« bedeutet, dass nicht nur die Menschen, die sich von anderen helfen lassen, einen Gewinn haben. Dadurch, dass diese sich helfen lassen, können andere ihr soziales „Sparguthaben" (ebd.) aufbessern, denn der andere steht in der Pflicht - von ihm kann irgendwann eine Gegenleistung erwartet werden (ebd. 86).

Durch „Kompetenzkartierung" (ebd.) kann soziales Kapital sichtbar und nutzbar gemacht werden. Hierbei schreiben Eltern auf Karten, was sie gut können und für andere tun würden. Sie tauschen sich in der Gruppe darüber aus. Ebenso kann auch die technische Ausstattung und Kompetenz der Familien als Thema eingebracht werden. So haben manche Eltern vielleicht ein Auto, andere eine Nähmaschine, und es gibt Mütter oder Väter, die Lampen aufhängen können oder eine Bohrmaschine besitzen (Hinte 2006, 69). Letztlich geht es darum, durch soziales Kapital in Form von gegenseitigem Tausch und gegenseitiger Hilfe, Unterstützung für den Alltag zu erreichen (Früchtel et a. 2007 b, 82 ff.).

Eine weitere Möglichkeit durch fallunspezifische Arbeit sozialer Isolation zu begegnen, stellen Jahreszeitbasare dar. Dies ist eine Form der Aktivierung, die neue Kompetenzerfahrungen ermöglicht (ebd. 100). Die Basare werden von Müttern des Quartiers organisiert. Ein Basarteam ist eine auf „Nachhaltigkeit" (ebd. 100) angelegte Gruppe, die sich bezüglich der Organisation ganzjährig und regelmäßig trifft. Es entsteht somit eine Gruppe, die auch zu einem Netzwerk werden kann und die Unterstützung in manch anderer Lebenssituation bietet. Sozialarbeiter unterstützen, indem sie Ressourcen anderer Organisationen, zum Beispiel deren Räume, nutzbar machen. Das Organisieren der Basare und auch deren Durchführung hilft den Müttern einer sozialen Isolation vorzubeugen, denn auf diesen Basaren können „Zufallsbeziehungen" (ebd., 87) entstehen. Diese können für die Eltern soziales Kapital beinhalten. Derartige Basare stellen außerdem eine Option für Sozialarbeiter dar, um Kontakt zu Müttern des Sozialraumes aufzunehmen, zu denen bisher noch keine Verbindung bestand.

Bei niedrigschwelligen Angeboten können auch mehrere Aspekte verknüpft werden. Bestmann schreibt (2017, 101), ein „Donnerstagsnachmittagsgrill" hat eine hohe Attraktivität für Männer und damit können auch Familienväter erreicht werden. Des Weiteren ist innerhalb eines solchen Projektes beobachtet worden, dass beim Grillen auch Menschen zugegen waren, die sonst kaum Kontakte zur Nachbarschaft hatten (ebd.). Zudem wurde dieser Nachmittag von den Fachkräften des Jugendamts im Rahmen ihrer fallunspezifischen Arbeit genutzt, um niedrigschwellig, unverbindlich und unkompliziert Kontakt zu den Menschen des Sozialraumes zu bekommen. Zudem konnten diese an der Außendarstellung des Jugendamtes arbeiten und durch ihre Anwesenheit auf die Fremdkonstruktionen von Familien bezüglich des Jugendamtes einwirken (Bestmann 2017, 101).

5 Fazit

In der vorgelegten Arbeit wurde der Frage nachgegangen, wie Zugänge und Angebote gestaltet werden müssten, um der Vernachlässigung von Kindern präventiv zu begegnen. Hierbei hat die Auseinandersetzung mit wissenschaftlichen Erkenntnissen sowie derzeitigen gesellschaftlichen Prozessen und die Betrachtung des Konzeptes der Sozialraumorientierung Folgendes aufgezeigt:

Der Begriff Vernachlässigung ist definiert, und in der Sozialen Arbeit bezieht sich professionelles Handeln darauf. Es ist derzeit nicht möglich, verlässliche Aussagen zu konkreten Ursachen des Phänomens zu machen, denn es gibt darüber zu wenige wissenschaftliche Erkenntnisse. Jedoch fällt auf, dass es Faktoren gibt, die seit Jahrzehnten beobachtet werden und denen in der wissenschaftlichen Literatur eine Bedeutung zugeschrieben wird. Dies sind persönliche Faktoren, die in Form von Erkrankungen Einfluss auf die Bindung nehmen. Des Weiteren gibt es ökonomische Faktoren, die als materielle Armut und als Leben in schlechten Wohnverhältnissen in Erscheinung treten. Weiterhin sind soziale Faktoren bekannt, die als soziale Isolation und Mangel an Unterstützung beschrieben werden. Da über diese Faktoren innerhalb der Vernachlässigungsforschung keine Wirkungsdaten verfügbar sind, können sie lediglich als Informationen dienen. Vernachlässigung, so wird von wissenschaftlicher Seite betont, scheint jedoch ein aus Wirkungen bestehendes, somit prozessuales Ereignis zu sein, an dem diese Faktoren beteiligt sind. Demnach müssen in präventive Überlegungen diese Faktoren einbezogen werden, da sie elterliche Ressourcenverluste begründen. Bei Vernachlässigung stellt sich somit nicht nur die Frage, was Kinder an Fürsorge brauchen und in welchem Maß, es stellt sich auch die Frage, was Eltern brauchen, um die Fürsorge im Alltag zu bewältigen. Deshalb müssen beide Aspekte bei präventiven Angeboten einbezogen werden.

Der Unterversorgung von Kindern liegen zwei Handlungsmodi der Eltern zu Grunde. Diese sind voneinander nicht scharf abgrenzbar. Eltern, die ihre Kinder passiv vernachlässigen, handeln nicht bewusst. Sie haben Wissensdefizite oder/und können die Basisversorgung aufgrund von kognitiven Defiziten oder persönlicher Problemstellungen nicht leisten. Angebote, die ihnen lebenspraktische Unterstützung bei ihren Versorgungsaufgaben sowie Hilfe im Sozialleistungssystem und bei gesundheitlichen Problemen ermöglichen, könnten diese als Erleichterung bei der Bewältigung ihres Alltages verstehen und von ihnen angenommen werden. Vernachlässigungsfälle, bei denen Eltern ihren Kindern bewusst die nötige Fürsorge verweigern, obwohl sie das Wissen haben und die Versorgung von ihnen leistbar wäre, gilt es im Rahmen des Kinderschutzes frühzeitig zu erkennen und reaktiv zu handeln. Jedoch böte sich sozialräumlich arbeitenden Fachkräften durch ihre Präsenz im Quartier und im Rahmen von fallunspezifischer Arbeit im Sozialraum eine Möglichkeit, diese Fälle frühzeitig wahrzunehmen. Zumal sie aufgrund ihres Studiums über das entsprechende Wissen zu frühen Anzeichen von Vernachlässigung verfügen.

Da seit einigen Jahren präventive Maßnahmen erprobt werden, erschien es sinnvoll, auch diese Erkenntnisse und Erfahrungen zu beachten. Dabei fiel auf, dass präventive Angebote zunächst eines Zuganges zu Eltern bedürfen. Es gilt diese zu erreichen oder die Erreichbarkeit der Hilfe so zu gestalten, dass diese Hilfe für Eltern erkennbar und niedrigschwellig ist. Des Weiteren müssen Angebote inhaltlich an den Problemstellungen ihres Alltags orientiert sei. Hierbei soll eine Stigmatisierung von Eltern vermieden werden.

Die Auseinandersetzung mit dem Konzept Sozialraumorientierung hat folgendes erkennen lassen: Das Fachkonzept ermöglicht sozialarbeiterische Einflussnahme auf verschiedenen Ebenen. Vorhandene kommunikative Distanzen zwischen Menschen und sozialpädagogischer Unterstützung können durch die Anwendung spezieller Methoden und Techniken verringert werden. Es ist möglich, Angebote an den lebensweltlichen Bedarfen der Menschen des Sozialraumes auszurichten. Die Spezifika der Arbeitsorganisation ermöglicht das Bearbeiten von Problemstellungen, die sich bislang auf Grund institutioneller Beschränkungen der Einflussnahme von Fachkräften entziehen. Auf negative Lebensbedingungen können positive Gegenwirkungen erzeugt werden.

Das Fachkonzept Sozialraumorientierung erscheint zur Prävention geeignet, denn es benutzt einen Zugang zu Eltern über deren Alltag in ihrem sozialen Raum. Sozialarbeiter sind in ihm präsent und können von Müttern und Vätern mit lebenspraktischer Unterstützung in Verbindung gebracht werden. Den Wissensmängeln und alltäglichen elterlichen Problemen kann durch die Schaffung offener, bedarfsgerechter, nicht stigmatisierender und niedrigschwelliger Angebote präventiv begegnet werden. Im Hinblick auf Vernachlässigung scheint es nötig, zudem Angebote vorzuhalten, die Eltern helfen, jene Sozialleistungen zu erhalten, die sie zur Erfüllung von Fürsorgeaufgaben benötigen. Da nicht vermeidbar ist, dass Eltern irgendwann und in irgendeiner Form erkranken, gilt es, dass überall dort, wo die Leistungsprozesse der medizinischen Versorgung nicht funktionieren und die Eltern keine adäquate Behandlung in ihrem Sozialraum finden, in dieses System einzugreifen ist. Des Weiteren können die Handlungs- und Einflussmöglichkeiten von erkrankten Eltern durch Selbsthilfeaktivitäten unterstützt werden. Weil Eltern zur Erfüllung ihrer Fürsorgeaufgaben ausreichenden Wohnraum und ein familienfreundliches Wohnumfeld benötigen, kann im Rahmen einer gezielten kommunalen Steuerung negativen Prozessen in diesem Bereich entgegengetreten werden. Die dabei stattfindenden Aktivitäten erzeugen zusätzlich positive Wirkungen auf Kontextfaktoren wie die soziale Isolation und Überforderung durch mangelnde Unterstützung. Es kann dabei im Sinne der Befähigung von Menschen zu eigenem Handeln vorgegangen werden. Und dort, wo Eltern eingeschränkt werden, ist sozialarbeiterische Einflussnahme möglich, die zu einer Verbesserung der allgemeinen Situation beiträgt.

Die Zahl der Verfahren zur akuten und latenten Kindeswohlgefährdung war zuletzt ansteigend, und es wird vermutet, dass die Zahl vernachlässigter Kinder auf hohem Niveau stagniert. Im Zusammenhang mit schlechten soziostrukturellen Bedingungen von Familien, die durch gesellschaftliche Prozesse aufrechterhalten werden, erscheint Vernachlässigung deshalb auch als »Soziale Frage«. Soziale Arbeit als Profession und das Handlungskonzept Sozialraumorientierung sind im Hinblick auf Vernachlässigung eine präventive Antwort auf diese »Soziale Frage«.

Quellen- und Literaturverzeichnis

Ärzteblatt (2017): Ärzteschaft : Kinderärzte warnen erneut vor Unterversorgung. Online einsehbar unter: https://www.aerzteblatt.de/nachrichten/81714/Kinderaerzte-warnen-erneut-vor-Unterversorgung [23.01.2018]

Andresen, Sabine/Galic, Danijela (2015): Kinder.Armut.Familie. : Alltagbewältigung und Wege zu wirksamer Unterstützung. 2., Aufl. Gütersloh.

BA - Bundesagentur für Arbeit (2016), Arbeitslosengeld II/Sozialgeld : Grundsicherung für Arbeitssuchende. Online einsehbar unter: https://www3.arbeitsagentur.de/web/wcm/idc/groups/public/documents/webdatei/mdaw/mdm5/~edisp/l6019022dst-bai378643.pdf?_ba.sid=L6019022DSTBAI378646 [23.01.2018]

BAJ - Bundesarbeitsgemeinschaft Kinder- und Jugendschutz (2017): Dossier Kinder suchtkranker Eltern. Online einsehbar unter: https://www.bag-jugendschutz.de/PDF/Dossier-Kinder-Suchtkranker-Eltern-web_2017.pdf [23.01.2018]

Bestmann, Stefan (2013): Finden ohne zu suchen : Einzelfallunspezifische Arbeit in der sozialräumlichen Kinder- und Jugendhilfe. Wiesbaden.

Bestmann, Stefan (2017): Fallunspezifische Arbeit in sozialräumlich organisierten Leistungsfeldern. In: Fürst, Roland/Hinte, Wolfgang (Hrsg.): Sozialraumorientierung : Ein Studienbuch zu fachlichen, institutionellen und finanziellen Aspekten. 2., aktual. Aufl. Wien, S. 89-104.

BMG – Bundesministerium für Gesundheit (2017): Terminservicestellen im Überblick. Online einsehbar unter: https://www.bundesgesundheitsministerium.de/themen/krankenversicherung/terminservicestellen.html [23.01.2018]

Böhnke, Petra (2007): Solitarität im Wohlfahrtsstaat-Prekäre Lebenslagen und soziale Integration. In: Lüdicke, Jörg/Diewald, Martin (Hrsg.): Soziale Netzwerke und soziale Ungleichheit : Zur Rolle von Sozialkapital in modernen Gesellschaften. 1., Aufl. Wiesbaden, S. 235-263.

Brisch, Karl Heinz (2009): Bindungsstörungen : Von der Bindungstheorie zur Therapie. 9., vollst. überarb. u. erw. Aufl. Stuttgart.

Brülle, Heiner (2012): Eine soziale Spaltung der Städte droht! : Anforderungen an eine sozialraumsensible Landespolitik. In: Standpunkt: Diskussionsimpulse und Konzepte des Landesbüros Hessen der Friedrich-Ebert-Stiftung (Hrsg.). Online einsehbar unter: http://library.fes.de/pdf-files/bueros/hessen/08942-20120302.pdf [23.01.2018]

Budde, Wolfgang/Früchtel, Frank (2006): Die Felder der Sozialraumorientierung-ein Überblick. In: Budde, Wolfgang/Früchtel, Frank/Hinte, Wolfgang (Hrsg.): Sozialraumorientierung : Wege zu einer veränderten Praxis. 1., Aufl. Wiesbaden, S. 27-50.

Butterwegge, Christoph (2012): Armut in einem reichen Land : Wie das Problem verharmlost und verdrängt wird. 3., aktual. Aufl. Frankfurt, New York.

Butterwegge, Christoph (2015): Hartz IV und die Folgen : Auf dem Weg in eine andere Republik? 2., Aufl. Weinheim, Basel.

Deneke, Christiane (2005): Misshandlung und Vernachlässigung durch psychisch kranke Eltern. In: Deegener, Günther/Körner, Wilhelm (Hrsg.): Kindesmisshandlung und Vernachlässigung : Ein Handbuch. Göttingen, S. 141-154.

Destatis (2016): 2015 : Anstieg der Verfahren zur Kindeswohlgefährdung um 4,2%. Online einsehbar unter: https://www.destatis.de/DE/PresseService/Presse/Pressemitteilungen/2016/10/PD16_35 4_225.html [23.01.2018]

DGCC - Deutsche Gesellschaft für Case und Caremanagement (2017): Was ist CM? Online einsehbar unter: https://www.dgcc.de/case-management/ [23.01.2018]

DHV - Deutscher Hebammen Verband (2017): Online einsehbar unter: https://www.unsere-hebammen.de/fakten-infos/flaechendeckende-versorgung/ [23.01.2018]

Edtbauer, Richard/Kievel, Winfried (2014): Grundsicherungs-und Sozialhilferecht für soziale Berufe : Ein Studienbuch. 3., Aufl. München.

Engfer, Anette (1986): Kindesmißhandlung : Ursachen, Auswirkungen, Hilfen. Stuttgart.

Fegert, Jörg (1997): Basic Needs als ärztliche und psychotherapeutische Ein-
schätzungskriterien. In: Institut für soziale Arbeit (Hrsg.). Familien in Kri-
sen Kinder in Not : Materialien und Beiträge zum ISA- Kongreß 28. -
30.4.1997 in Düsseldorf. Münster, S. 66-73.

Fegert, Jörg M./Ziegenhain, Ute/Fangerau, Heiner (Hrsg.) (2010): Problemati-
sche Kinderschutzfälle : Mediale Skandalisierung, fachliche Fehleranalyse
und Strategien zur Verbesserung des Kinderschutzes. Weinheim, München.

Fendrich, Sandra/Pothmann, Jens (2010): Einblicke in die Datenlage zur Kindesvernachlässigung und Kindesmisshandlung in Deutschland : Möglichkeiten und Grenzen von Gesundheits-, Kriminal- und Sozialstatistik. In:
Bundesgesundheitsblatt, Springer, S. 1002-1010. Online einsehbar unter:
https://www.fruehehilfen.de/fileadmin/user_upload/fruehehil-
fen.de/pdf/Bundesgesundheitsblatt_Artikel_Fendrich.pdf [23.01.2018]

Frank, Reiner (2008): Vernachlässigung im Säuglings- und Kleinkindalter aus
ärztlicher Sicht. In: Ziegenhain, Ute/Fegert, Jörg M. (Hrsg.): Kindeswohlgefährdung und Vernachlässigung. 2., durchges. Aufl. München, Basel, S. 84-
93.

Früchtel, Frank/Budde, Wolfgang/Cyprian, Gudrun (2007 a): Sozialer Raum
und Soziale Arbeit : Fieldbook: Methoden und Techniken. 1., Aufl. Wiesbaden.

Früchtel, Frank/Cyprian, Gudrun/Budde, Wolfgang (2007 b): Sozialer Raum
und Soziale Arbeit : Textbook: Theoretische Grundlagen. 1., Aufl. Wiesbaden.

Galm, Beate/Hess, Katja/Kindler, Heinz (2010): Kindesvernachlässigung - verstehen, erkennen, helfen. Basel.

Galuske, Michael (2002): Methoden der Sozialen Arbeit : Eine Einführung. 4.,
Aufl. Weinheim, München.

Geene, Raimund (2013): Gesundes Aufwachsen für alle Kinder - Potenziale und
Herausforderungen. In: Forum sozial, Heft 1, S. 18-22.

Gitter, Heidrun (2012): Kindesmisshandlung und Kindeswohlgefährdung - die
ärztliche Sicht. In: Schone, Reinhold/Tenhaken, Wolfgang (Hrsg.): Kinderschutz in Einrichtungen und Diensten der Jugendhilfe. Weinheim, Basel, S.
113 - 134.

Grunwald, Klaus/Thiersch, Hans (2008): Das Konzept Lebensweltorientierte Soziale Arbeit - einleitende Bemerkungen. In: Grunwald, Klaus/Thiersch, Hans (Hrsg.): Praxis Lebensweltorientierter Sozialer Arbeit : Handlungszugänge und Methoden in unterschiedlichen Arbeitsfeldern. 2., Aufl. Weinheim, München, S. 13-39.

Gut, Andreas (2014): Aufsuchen, Unterstützen, Beraten : Lebensweltorientierung und Familientherapie in der sozialpädagogischen Familienhilfe. Heidelberg.

Haug, Sonja (2007): Soziales Kapital als Ressource im Kontext von Migration und Integration. In: Lüdicke, Jörg/Diewald, Martin (Hrsg.): Soziale Netzwerke und soziale Ungleichheit : Zur Rolle von Sozialkapital in modernen Gesellschaften. 1., Aufl. Wiesbaden, S. 85-111.

Herriger, Norbert (2006): Empowerment in der Sozialen Arbeit : Eine Einführung. 3., erw. u. aktual. Aufl. Stuttgart.

Hinte, Wolfgang (2006): Geschichte, Quellen und Prinzipien des Fachkonzeptes „Sozialraumorientierung" (Einleitung). In: Budde,Wolfgang/Früchtel, Frank/Hinte, Wolfgang (Hrsg.): Sozialraumorientierung : Wege zu einer veränderten Praxis. 1., Aufl. Wiesbaden, S. 7-24.

Hinte, Wolfgang (2012): Von der Gemeinwesenarbeit über die Sozialraumorientierung zur Initiierung von bürgerschaftlichem Engagement. In: Thole, Werner (Hrsg.): Grundriss Soziale Arbeit : Ein einführendes Handbuch. 4., Aufl. Wiesbaden, S. 663-676.

Hinte, Wolfgang (2014): Das Fachkonzept „Sozialraumorientierung". In: Hinte, Wolfgang/Treeß, Helga: Sozialraumorientierung in der Jugendhilfe : Theoretische Grundlagen, Handlungsprinzipien und Praxisbeispiele einer kooperativ-integrativen Pädagogik. Internationale Gesellschaft für erzieherische Hilfen (Hrsg.). 3., überarb. Aufl. Weinheim, Basel. S. 14-130.

Hofacker von, Nikolaus (2012): Vernachlässigung. In: Bayerisches Staatsministerium für Arbeit und Sozialordnung, Familie und Frauen - StMASFI (Hrsg.): Gewalt gegen Kinder und Jugendliche, Erkennen und Handeln : Leitfaden für Ärztinnen und Ärzte. München, S. 97-107.

IAB - Institut für Arbeitsmarkt- und Berufsforschung (Hrsg.) (2013): Alleiner-ziehende Mütter im Bereich des SGB II : Eine Synopse empirischer Be-funde aus der IAB-Forschung. Nürnberg. Online verfügbar unter: http://doku.iab.de/forschungsbericht/2013/fb0813.pdf [23.01.2018]

Ifb - Institut für Familienforschung an der Universität Bamberg (Hrsg.) (2010): Gesamtkonzept zur Eltern- und Familienbildung : Fachtag „Moderne El-tern- und Familienbildung" 28. Oktober 2010 in Nürnberg. Online einseh-bar unter: https://www.ifb.bayern.de/imperia/md/con-tent/stmas/ifb/sonstiges/ifb.pdf [23.01.2018]

ISA, BIS, DKSB - Institut für soziale Arbeit, Bildungsakademie, Deutscher Kin-derschutzbund Landesverband NRW (Hrsg.) (2012): Kindesvernachlässi-gung-Erkennen-Beurteilen-Handeln. 6., aktual. u. erw. Aufl. Münster.

Jugendamt Stadt Oldenburg (Hrsg.) (2008): Handlungsleitfaden zur Umsetzung des Schutzauftrages des § 8 a unter Berücksichtigung der gesetzlichen Veränderungen des § 72 a und der §§ 61 ff. SGB VIII : Arbeitshilfe zur An-wendung fachlicher Standards bei Kindeswohlgefährdung. Online einseh-bar unter: http://www.kinderschutz-niedersachsen.de/doc/doc_down-load.cfm?uuid=1f833179c2975cc8a843b1b564fb930f [23.01.2018]

KBV - Kassenärztliche Bundesvereinigung: Ärztemangel Online einsehbar un-ter: http://www.kbv.de/html/themen_1076.php [23.01.2018]

Kessl, Fabian/Reutlinger, Christian (2007): Die (sozialpädagogische) Rede von Sozialraumorientierung. In: Kessl, Fabian/Reutlinger, Christian: Sozial-raum : Eine Einführung. 1., Aufl. Wiesbaden, S. 35-55.

Kindler, Heinz (2008): Prävention von Vernachlässigung und Kindeswohlge-fährdung im Säuglings- und Kleinkindalter. In: Ziegehain, Ute/Fegert, Jörg M. (Hrsg.): Kindeswohlgefährdung und Vernachlässigung. 2., durchges. Aufl. München, Basel, S. 94-108.

Kindler, Heinz (2015): Schutzrechte für Kinder. In: DJI Impulse : Das Bulletin des Deutschen Jugendinstituts (Hrsg.). Heft 3, S. 10-13. Online einsehbar unter: https://www.dji.de/fileadmin/user_upload/bulle-tin/d_bull_d/bull111_d/DJI_3_15_Web.pdf [23.01.2018]

Klein, Michael/Thomasius, Rainer/Moesgen, Diana (2017): Factsheet : Kinder suchtkranker Eltern. Drogenbeauftragte der Bundesregierung (Hrsg.). Online einsehbar unter: https://www.drogenbeauftragte.de/fileadmin/dateien-dba/Drogenbeauftragte/2_Themen/1_Drogenpolitik/Factsheet_Kinder_suchtkranker_Eltern_2017.pdf [23.01.2018]

Kleve, Heiko (2005): Systemisches Casemanagement : Falleinschätzung und Hilfeplanung in der Sozialen Arbeit, Übersichten und Arbeitsblätter. Online einshbar unter: http://www.indeed-net.eu/text/kleve_systemisches_case_management.pdf [23.01.2018]

Köngeter, Stefan/Eßer, Florian/Thiersch, Hans (2004): Sozialraumorientierung-Innovation oder Ideologie. In: Peters, Friedhelm/Koch, Josef (Hrsg.): Integrierte erzieherische Hilfen : Flexibilität, Integration und Sozialraumbezug in der Jugendhilfe. Weinheim, München, S. 75-99.

Kröncke-Reiners, Werner/Stübinger, Mathias (2000): Der Einstieg in soziale Organisationen : Ein Sprung ins kalte Wasser. Köln.

Lenze, Anne/Funcke, Antje (2016): Alleinerziehende unter Druck : Rechtliche Rahmenbedingungen, finanzielle Lage und Reformbedarf. Bertelsmann Stiftung (Hrsg.). Gütersloh.

Maslow, Abraham H. (1978): Motivation und Persönlichkeit. 2., erw. Aufl. Olten.

McKinsey (2015): E-Government in Deutschland : Eine Bürgerperspektive. Online einsehbar unter: https://www.mckinsey.de/files/e-government_in_deutschland_eine_buergerperspektive.pdf [23.01.2018]

Meinhold, Marianne (1998): Ein Rahmenmodell für methodisches Handeln. In: Heiner, Maja/Meinhold, Marianne/Spiegel von, Hiltrud/Staub-Bernasconi, Silvia (Hrsg.): Methodisches Handeln in der Sozialen Arbeit. 4., erw. Aufl. Freiburg im Breisgau, S. 220-253.

Nestmann, Frank (2008): Ressourcenarbeit. In: Grunwald, Klaus/Thiersch, Hans (Hrsg.): Praxis Lebensweltorientierter Sozialer Arbeit : Handlungszugänge und Methoden in unterschiedlichen Arbeitsfeldern. 2., Aufl. Weinheim und München, S. 69-85.

Oschmiansky, Frank (2014): Niedriglöhne : Probleme und Lösungsvorschläge. Online einsehbar unter: http://www.bpb.de/politik/innenpolitik/arbeitsmarktpolitik/187832/niedrigloehne [23.01.2018]

Pantuček, Peter (2012): Soziale Diagnostik : Verfahren für die Praxis Sozialer Arbeit. 3., aktual. Aufl. Wien, Köln, Weimar.

Pfafferott, Martin/Lange, Valerie (2015): Non-Profits und Social Media : Netzwerke gewinnen, Kommunikation gestalten! Friedrich-Ebert-Stiftung (Hrsg.), Bonn. Online einsehbar unter: https://www.fes-mup.de/files/mup/pdf/broschueren/MuP_Fachtagung15_WEBeinzel.pdf [23.01.2018]

Rauh, Hellgard (2012): Erste Bindung (12-13 Monate). In: Stokowy, Martin/Sahhar, Nicola (Hrsg.): Bindung und Gefahr : Das Dynamische Reifungsmodell der Bindung und Anpassung. Gießen, S. 33-56.

Salgo, Ludwig 2008: § 8a SGB VIII – Anmerkungen und Überlegungen zur Vorgeschichte und den Konsequenzen der Gesetzesänderung. In: Ziegenhain, Ute/Fegert, Jörg M. (Hrsg.): Kindeswohlgefährdung und Vernachlässigung. 2., Aufl. München. S. 9-29.

Schone, Reinhold/Gintzel, Ullrich/Jordan, Erwin/Kalscheuer, Mareile/Münder, Johannes (1997): Kinder in Not : Vernachlässigung im frühen Kindesalter und Perspektiven sozialer Arbeit. Münster.

Schone, Reinhold (2008): Frühe Kindheit in der Jugendhilfe - Präventive Anforderungen und Kinderschutz. In: Ziegenhain, Ute/Fegert, Jörg M. (Hrsg.): Kindeswohlgefährdung und Vernachlässigung. 2., durchges. Aufl. München, S. 52-65.

Schone, Reinhold (2012): Kindeswohlgefährdung - Was ist das?. In: Schone, Reinhold/Tenhaken, Wolfgang (Hrsg.): Kinderschutz in Einrichtungen und Diensten der Jugendhilfe. Weinheim, Basel, S. 13-52.

Schorn, Ariane (2011): Erscheinungsformen, Folgen und Hintergründe von Vernachlässigung und Misshandlung im frühen Kindesalter. In: Goldberg, Brigitta/Schorn, Ariane (Hrsg.): Kindeswohlgefährdung: Wahrnehmen - Bewerten - Intervenieren. Opladen & Farmington Hills, S. 9-28.

Seithe, Mechthild (2012): Schwarzbuch Soziale Arbeit. 2., durchges. u. erw. Aufl. Wiesbaden.

Sperlich, Stefanie/Arnold-Kerri, Sonja/Geyer, Siegfried (2011): Soziale Lebenssituation und Gesundheit von Müttern in Deutschland : Ergebnisse einer
Bevölkerungsstudie. In: Bundesgesundheitsblatt, Gesundheitsforschung,
Gesundheitsschutz Hrsg.). S.735-744. Online einsehbar unter:
http://193.174.105.55/fileadmin/institute/med_soziologie/down-
loads/Soziale_Lebenssituation_und_Gesundheit_von_Muet-
tern_in_Deutschland.pdf [23.01.2018]

Statista (2017): Jährlicher Neubaubedarf von Wohnungen in Deutschland in
den Jahren 2015 bis 2030 (in 1.000). Online einsehbar unter:
https://de.statista.com/statistik/daten/studie/453004/umfrage/neu-
baubedarf-von-wohnungen-in-deutschland/ [23.01.2018]

Thiel, Wolfgang (2011): Selbsthilfe. In: Deutscher Verein für öffentliche und pri-
vate Fürsorge e. V. (Hrsg.): Fachlexikon der sozialen Arbeit. 7., völlig überarb. u. aktual. Aufl. Baden-Baden, S. 752.

Thiersch, Hans/Grunwald, Klaus/Köngeter, Stefan (2012): Lebensweltorientierte Soziale Arbeit. In: Thole, Werner (Hrsg.): Grundriss Soziale Arbeit :
Ein einführendes Handbuch. 4., Aufl. Wiesbaden, S. 175-196.

Trabert, Gerhard (2013): Armut und Gesundheit in Deutschland. In: Forum sozial, Heft 1, S. 10-16.

Treeß, Helga (2014): Kooperation mit Heranwachsenden. In: Hinte, Wolf-
gang/Treeß, Helga: Sozialraumorientierung in der Jugendhilfe : Theoretische Grundlagen, Handlungsprinzipien und Praxisbeispiele einer kooperativ-integrativen Pädagogik. Internationale Gesellschaft für erzieherische
Hilfen (Hrsg.). 3., überarb. Aufl. Weinheim, Basel. S. 132-221.

Wagenblass, Sabine (2012): Kinder psychisch kranker Eltern. In: Schone, Rein-
hold/Tennhagen, Wolfgang (Hrsg.): Kinderschutz in Einrichtungen und
Diensten der Jugendhilfe. Weinheim, Basel, S. 202-226.

Wendt, Peter-Ulrich (2017): Lehrbuch Methoden der Sozialen Arbeit. 2., überarb. Aufl. Weinheim, Basel.

Wittchen, Hans-Ulrich/Jacobi, Frank/Klose, Michael/Ryl, Livia (2010): Depressive Erkrankungen. Robert Koch-Institut (Hrsg.), Heft 51, Berlin.

Wolff, Reinhart (2008): Die strategische Herausforderung - ökonomisch - systemische Entwicklungsperspektiven der Kinderschutzarbeit. In: Ziegenhain, Ute/Fegert, Jörg M. (Hrsg.): Kindeswohlgefährdung und Vernachlässigung. 2., durchges. Aufl. München, S. 37-51.

Ziegenhain, Ute (2008): Stärkung elterlicher Beziehungs- und Erziehungskompetenzen - Chance für präventive Hilfen im Kinderschutz. In: Ziegenhain, Ute/Fegert Jörg M. (Hrsg.): Kindeswohlgefährdung und Vernachlässigung. 2., duchges. Aufl. München, Basel, S. 119-127.